RELATOS DE UNA TIERRA prometida

Editorial: BoD · Books on Demand, Calle de Manzanares, 4, 28005 Madrid, bod@bod.com.es
Impresión: Libri Plureos GmbH, Friedensallee 273, 22763 Hamburg (Alemania)

RELATOS DE UNA TIERRA *prometida*

ISBN: 978-84-1092-093-4

Promethea Grupo Editorial
info@prometheaeditorial.com
www.prometheaeditorial.com

NILO MEDINA

RELATOS DE UNA TIERRA *prometida*

Promethea

Gracias a mi depresión.

Gracias a mamá y papá por motivarme a cumplir mis sueños.

Gracias a mis verdaderos amigos.

Gracias a Dios por tener siempre un plan mejor para mí.

Presentación del autor

Nilo Medina nació en Cañuelas, Buenos Aires, en 1992, y desde entonces las cosas estuvieron lejos de ser perfectas. Aunque estudió Derecho y pasó por Trabajo Social, su verdadera escuela no tuvo aulas, sino esquinas, estaciones de tren y largas caminatas sin rumbo. En la calle aprendió que los tropiezos enseñan más que cualquier libro y que, a veces, más que la teoría, lo que te salva es un poco de instinto y mucha imaginación.

Los trabajos en radio y televisión le dieron a Nilo una cuota de micrófono y algo de vocabulario, pero fue en el ruido del activismo popular, en el ruido de los colectivos y en las charlas de madrugada donde su voz realmente se afinó. En la adolescencia, creyó que podía cambiar algo desde la política universitaria, pero descubrió que la política cambiaba mucho menos de lo que esperaba, así que abandonó esa batalla y dejó que la vida lo empujara hacia otros rumbos.

En el papel fue donde Nilo se encontró a sí mismo. Las historias y la prosa son su refugio, el espacio en el que captura la esencia de lo que ve y lo que no entiende, lo oscuro y lo absurdo. De Arlt, Cortázar y Discépolo heredó una fascinación por lo incierto y lo sombrío, por aquello que no siempre tiene sentido. Sus letras salen de esa mezcla de ansiedad por decir algo y de una constante sensación de que aún no tiene todas las herramientas para hacerlo. Pero, ¿quién las tiene?

Las palabras de Nilo son su intento de ordenar el caos, de descifrar lo que se pierde en la bruma de la ciudad y en cada rostro perdido en la multitud. Y eso es lo que el lector encontrará en estas páginas: una visión cruda y honesta de la vida. Porque, al final, Nilo tiene claro que aprender no se trata de alcanzar la perfección, sino de seguir caminando.

Prólogo del Autor

Escribo estas líneas con la certeza de que cada relato en este libro encierra una parte de quienes habitamos la tierra que llamamos nuestra, aunque muchas veces parezca un sueño tan esquivo como el horizonte. Este libro, que ahora llega a tus manos, es el fruto de noches en las que intenté descifrar la esencia de una patria tejida en contradicciones, de historias que son tantas que difícilmente podrían contenerse en una sola voz. Es un retrato impreciso, y a veces cruel, de nuestro tiempo, donde los personajes desfilan con sus miserias, sus alegrías y sus silencios.

Mi paso por Valencia me inspiró también a crear relatos que llevan impregnadas las características de esta ciudad levantina. Fue entre sus calles, en sus noches de Fallas, en el eco de sus voces y sus rincones que encontré el alma de otros personajes, diferentes y familiares al mismo tiempo. Esas historias se mezclan aquí, en esta tierra que se convierte en un espacio compartido, un cruce entre mi propia identidad y la esencia de Valencia.

Lo que encontrarás en estas páginas es mi intento por capturar esas dualidades, por plasmar lo que veo y lo que no entiendo, lo oscuro y lo luminoso, lo absurdo y lo verdadero.

No sería justo, sin embargo, dejar de mencionar a quienes me han precedido y han hecho de nuestra literatura un espacio de desafío y honestidad. Es imposible no reconocer, en las sombras de estas palabras, el influjo de Roberto Arlt, quien con su mirada incisiva, casi feroz, supo exponer la profundidad de lo humano en medio del caos urbano y social. Sus aguafuertes me enseñaron a ver más allá de la superficie, y le agradezco, de algún modo, por haber abierto el camino hacia esos rincones oscuros del alma que a menudo evitamos.

Relatos de una Tierra Prometida no es solo un conjunto de relatos y poemas; es una invitación a recorrer, de la mano de quienes se atreven a mirarse en el espejo de sus propias contradicciones, los paisajes de nuestra identidad. Cada historia palpita con la voz de aquellos que, aún en el dolor y la incertidumbre, encuentran razones para seguir adelante. Es un recorrido que, al igual que nuestra tierra, nos enfrenta a la esperanza, pero también al absurdo de los sueños rotos.

Entonces, lector, te invito a cruzar este umbral sin certezas, a dejarte guiar por las voces y los silencios que habitan en estas páginas. Aquí, en esta tierra que fue prometida en algún pasado, que he intentado plasmar con letras y nostalgia, encontrarás la esencia de lo que somos, aunque a veces, como decía Arlt, todo parezca un poco más turbio de lo que quisimos imaginar

El forastero de la avenida Corrientes

La ciudad es un gigante insomne, que nunca cierra los ojos. Buenos Aires respira con un ritmo propio, caótico y arrollador, y él, en su andar, parece deslizarse como una sombra, un forastero en su propia tierra. A veces lo encontrás en las peatonales, otras en los bares de su majestuosa avenida Corrientes, bajo las marquesinas que titilan como recuerdos oxidados. Nadie sabe su nombre, ni su historia. Ni siquiera si tiene alguna. Pero ahí está, siempre, como un paréntesis en medio del bullicio.

En las peatonales, entre el vaivén de los que corren detrás del reloj, él camina lento, casi perezoso, esquivando charcos de conversaciones ajenas. Los kioscos de revistas vomitan titulares amarillos, los cines proyectan sueños en tecnicolor. Él, en cambio, sigue su marcha, como si el tiempo no lo rozara, como si supiera que todo, tarde o temprano, se desvanece. Un cigarrillo apagado cuelga de su boca, y en sus ojos se dibuja un cansancio que no es solo de la carne, sino del alma, de algo más profundo que lo carcome sin apuro.

La avenida lo recibe como se recibe a un viejo conocido: con indiferencia, pero con la certeza de que nunca se va del todo. Las luces de neón, las librerías abiertas hasta la madrugada, las pizzas al corte que humean en los mostradores, todo parece un escenario montado para una obra en la que él no tiene papel. Pero él está, entre las sombras, sin voz, aunque su sola presencia es una marca sutil que resuena en las baldosas gastadas.

El asfalto vibra con los pasos de la multitud, pero él camina con un ritmo distinto, disonante. Se detiene frente a un café, se queda mirando el reflejo de la ciudad en las ventanas. A través del vidrio, observa las manos nerviosas de los que juegan con los pocillos, los rostros que se ocultan tras el vapor del café. Él no pide nada. Solo observa. Solo deambula.

La ciudad se impone, implacable, con su peso de cemento, luces y noches infinitas. Lo traga y lo escupe, lo envuelve en su manto de indiferencia. Pero él, el forastero sin historia, sigue caminando. El ruido lo rodea, pero en su mente hay un silencio espeso. Tal vez es él quien contrasta con todo lo demás, tal vez la ciudad es demasiado grande para alguien que parece no pertenecer. O tal vez, simplemente, es el único que realmente entiende el absurdo de esa máquina que nunca para, que todo lo devora sin dar respuestas.

En cada esquina, una encrucijada. Elige, sin elegir. No hay destino, solo trayecto. ¿Qué busca? Nadie lo sabe. Quizás ni él mismo. La ciudad lo envuelve, lo arrastra, pero no lo toca. Y así, él sigue, como una sombra que se desdibuja en las noches interminables de Corrientes que corre hacia el bajo, donde el concreto palpita y los hombres de negocio corren, sin saber a dónde.

Quizás algún día, cuando todo termine, sabremos si alguna vez quiso quedarse. Pero mientras tanto, Buenos Aires sigue viva, pisando fuerte. Y él, el forastero, sigue caminando, descalzo en una ciudad que nunca duerme.

Café, tango y absurdo

En la soledad de la tarde, cuando el sol se desdibuja en el horizonte, la vida parece suspenderse en un instante eterno. Las sombras se alargan, ecos del absurdo que nos rodea. Un hombre, sentado en un café de esquina, observa el vaivén de las gentes, atrapadas en sus rutinas, ajenas al peso del tiempo que las consume, ese reloj invisible que avanza y no pide permiso. Se pregunta si hay un sentido en el caos, en esta danza sin fin donde el amor y el dolor se entrelazan en un abrazo implacable.

En el bar, el sonido de las copas y las risas de amigos se mezclan con el lamento de un tango lejano. La búsqueda de significado se convierte en su prisión y su salvación. Se siente un náufrago en un océano de absurdos, ahogado en preguntas sin respuestas. Pero en esa lucha diaria, halla un destello de libertad: la capacidad de elegir, de reír ante la tragedia, de construir su propio sentido en un mundo que, por sí mismo, no ofrece ninguno.

Mientras el mozo sirve un americano, recuerda las noches de su juventud, cuando soñaba con cambiar el mundo. Ahora, con cada sorbo, desafía el silencio del absurdo y se convierte en un cronista de la vida, donde la esperanza y la desesperación bailan un tango infinito. Así, en la confrontación con el vacío, el hombre se erige, fuerte y vulnerable, como un faro que brilla en la oscuridad, disolviendo las sombras con su voz.

El instante de un silencio

Todavía mantengo vivo el recuerdo de la vez en que vi tu sonrisa, como un eco que se enreda en los días, sin soltarse nunca. No ha pasado tanto tiempo, pero la sensación de haberte conocido desde siempre me envuelve, como una calle empedrada que uno recorre de memoria, aunque no sepa su nombre. Aquella noche, la luna, cómplice indiferente, apenas derramó su luz sobre tus ojos. Y en esa mirada serena, descubrí un abismo escondido, como si la paz que mostrabas fuera una fina capa que el más mínimo roce podía romper. Estabas tan cerca que casi podía tocarte, pero esa cercanía traía consigo una distancia invisible, la misma que existe entre dos desconocidos en un andén, esperando trenes distintos. Todo en ese instante parecía pender de un hilo, frágil como el sonido de una hoja cayendo al pavimento. Fue un segundo, pero se volvió eterno, dejando una marca indeleble, ardiendo como el filo de un cuchillo que, en su silencio, dice más que mil palabras.

Una tregua con el tiempo

Capturo el momento, no lo que veo,
sino lo que se escapa entre las grietas del día,
lo que se oculta tras la rutina y el ruido,
las sombras que se aferran a lo que nunca se suelta.

Ahí está el tiempo, hecho trizas y ecos,
la tristeza que se desliza entre las manos,
la euforia que asoma, fugaz como un suspiro,
un relámpago que hiere en medio del silencio.

He vivido atado al futuro,
con la mirada perdida en promesas vacías,
angustiado por el pasado, como un perro sin dueño,
pero al abrir el presente, se siente un aire nuevo.

No es solo una imagen, es un instante crudo,
un pacto con el tiempo que jode y abraza.

Cada rincón de la vida guarda su verdad,
y en ese fugaz momento, se revela lo que se oculta,
donde el dolor se mezcla con la luz de lo vivido,
y el presente brilla, aunque sea solo un susurro entre el ruido.

El asistente

Desperté antes que el despertador. Las cinco de la mañana son un abuso, pero la necesidad aprieta más que el frío de esta mañana gris en el conurbano. Me arrastro hasta el baño, me lavo la cara, y el espejo me devuelve la imagen de un tipo cansado, con ojeras que parecen marcar mi piel como un documento de identidad. El café se hace eterno, pero sin él, la jornada sería un terreno baldío, y yo un zombie sin rumbo.

Salgo de casa, y el aire es como un puñetazo en el pecho. El colectivo me deja en la estación, donde ya hay un grupo de almas perdidas, temerosas del destino incierto. El tren, que suele ser un fiel compañero, esta vez se ha tomado la libertad de demorarse. La ansiedad se hace palpable; la gente murmura, el silencio se convierte en gritos ahogados de impaciencia. Me apoyo en un banco, resoplo, cuando un tipo aparece de la nada, tambaleándose como un canguro borracho, echa un vistazo a los presentes y, sin más, decide que soy su blanco.

"¡Eh, chabón! ¿Tenés una moneda?" grita, con la saliva escupiendo cada palabra. Me quedo helado. El tipo tiene una mirada que podría taladrar acero, y me pregunto si el tren va a llegar o si me voy a convertir en su próximo blanco. En el fondo, prefiero la espera al cruce de caminos con ese ebrio. Pero al final, su acoso es solo un mal recuerdo. Se aleja tras recibir un par de insultos de vuelta.

Cuando el tren llega, la multitud se aglomera como si fuera una manada de toros. Subo, y me aplasto entre cuerpos sudorosos, el aire viciado me ahoga. Comienzo a pensar en todo lo que podría pasarme en el día y, en ese instante, la lluvia empieza a golpear el vidrio, como un tambor que nos recuerda que la vida no se detiene.

Al llegar a Retiro, me deslizo entre la multitud y, en el apuro, piso una baldosa floja. El golpe me hace tambalear, pero sigo, el orgullo es más fuerte que el dolor. Entro a la oficina y encuentro a Jorge, el gerente. Lo miro, le cuento lo que pasó, pero su rostro es de piedra. "Eso no me importa, tenés informes atrasados", me responde, sin levantar la vista del monitor. En ese momento, me doy cuenta de que la odisea de esta mañana es solo una más en la vida de un asistente que, al final del día, es tan invisible como el agua de lluvia.

En algún pago del sur

Era un día gris en aquel pueblo del sur de la provincia, donde el aire denso traía consigo una sensación de inquietud. La cuarentena, que había comenzado como una medida de precaución, pronto se transformó en una trampa de la que no había escapatoria. A las cinco de la tarde, el intendente, un hombre de origen húngaro que nunca había sido querido, decidió instaurar un toque de queda a las seis. En la televisión, las noticias hablaban de un gas tóxico que se propagaba velozmente, pero nadie sabía realmente qué significaba. La información era tan escasa como confiable; lo único que parecía cierto era que había que encerrarse.

Las calles estaban desiertas, y el silencio era inquietante. Me asomé por la ventana de casa, donde se veía un montículo de tierra que habían levantado para bloquear la salida principal del pueblo. Solo había unos pocos accesos, cada uno con control policial. Recordé las noticias sobre la represión en otros lugares: cómo una joven había muerto en una comisaría en San Luis o aquel hombre en Tucumán que nunca volvió a casa. La paranoia se había apoderado de la gente, y en el aire flotaba un temor que se podía palpar.

A medida que avanzaba la tarde, decidí que tenía que salir. No podía quedarme encerrado sin saber qué estaba pasando. Me vestí con lo primero que encontré y me armé de valor. Al abrir la puerta, el viento frío me golpeó la cara. Caminé por las calles vacías, sintiendo que cada paso resonaba en un eco de soledad. Pasé frente a la comisaría, que parecía más una prisión que un refugio. La luz tenue que salía por la ventana me hizo pensar en aquellos que se atrevían a cuestionar el orden establecido. La represión estaba en el aire, palpable, como el gas del que hablaban en la tele.

Al llegar al control policial, un uniformado me miró con desconfianza. "¿A dónde vas, che?", me preguntó, cruzándose de brazos. "Solo a ver qué pasa, no tengo nada que esconder", respondí con voz firme, aunque en el fondo, la incertidumbre me corroía. El oficial, que tenía pinta de ser novel en la fuerza bonaerense, dudó un momento y, tras un gesto de desprecio, me dejó pasar.

Me dirigí a la plaza, donde un grupo de vecinos se había reunido. Murmullos y miradas cargadas de preocupación flotaban en el aire. Un hombre mayor, con el rostro surcado por arrugas de angustia, contaba sobre su hijo que no había podido volver del trabajo porque habían cerrado todos los accesos. “No sabemos si hay algo más que el gas o si el intendente se volvió loco”, decía, con una mezcla de rabia y miedo en su voz.

“Dicen que un tipo llamó al presidente y le dio instrucciones. ¿Qué sabe él de nuestro pueblo?”, me preguntó otra mujer, gesticulando con los brazos. La mención del presidente hizo que el miedo aumentara, como si el simple nombre invocara una tormenta aún mayor.

La noche caía, y las sombras se alargaban. Las luces del pueblo parpadeaban, creando un ambiente de tensión y angustia. La radio del vecino comenzó a sonar, pero las palabras que llegaban eran incoherentes, casi como un susurro en medio del caos. La sensación de encierro se hacía más fuerte. Nos habíamos convertido en prisioneros en nuestras propias casas.

De pronto, un grito desgarrador rompió el silencio. Volteé y vi a un grupo de jóvenes rodeando a una chica. No podía entender bien lo que sucedía, pero sabía que la violencia estaba latente. Aceleré el paso, pero el miedo me seguía de cerca.

Al llegar a casa, prendí la tele, pero solo había estática. Intenté conectar el internet, pero todo se cortó. Estábamos a oscuras, incomunicados, atrapados en este pueblo que había pasado de ser un lugar de tranquilidad a una pesadilla. La incertidumbre se había apoderado de nosotros, y el miedo se transformó en una sombra que se instalaba en el alma de cada uno.

Sentí que no éramos más que piezas en un juego que no entendíamos, un tablero donde el intendente movía las piezas a su antojo, influenciado por un poder lejano que parecía dictar nuestro destino. En ese silencio abrumador, en medio de la oscuridad, la única compañía que me quedaba era la angustia, esa constante sensación de que el mundo se desmoronaba mientras nosotros, impotentes, observábamos desde nuestras casas, como testigos de una historia que parecía no tener final.

La voz de Lavalle

Caminaba solo en medio del desierto mendocino de Lavalle, cuando el sol apenas despuntaba, tibio como una mentira piadosa. Y de pronto, el viento, ese malandrín, se puso a charlarme, como si me conociera de toda la vida.

"¿Qué buscás, chango?", me dijo, con una voz seca, filosa como la navaja del que ya se hartó de pedir permiso. "¿Qué creís encontrar en este mar sin olas, en este cielo sin aves, eh?"

Me quedé quieto, como si me hubieran clavado al suelo. Miré al horizonte, donde el polvo y el cielo se confundían en una bruma sucia, y pensé. No fue una epifanía ni un relámpago divino, sino más bien una respuesta cansada que me salió desde las tripas. "Busco lo que todavía no se animan a contar los libros, lo que los hombres se guardan en el fondo del pecho, donde ni ellos mismos se atreven a mirar."

El viento soltó una carcajada de ésas que parecen puñaladas. "¿Te creís distinto, acaso? ¿Te pensái que vas a encontrar la verdad donde todos ven la nada? Los hombres no quieren ver, loco. Se inventan espejitos de colores y se abrazan a ellos como si fueran lo único que los mantiene en pie."

Ahí me picó el bicho. "¿Y qué querís que haga? ¿Que me quede quieto, como esos que se pasan la vida con la cabeza gacha, cuidando de no pisar las sombras? No, yo no. Prefiero tirarme de cabeza al barro antes que vivir con miedo a ensuciarme."

El viento, por un segundo, pareció aflojar. Pero no, no se iba a rendir tan fácil. "¿Y cuándo te traten de loco? Porque eso van a hacer, loco. No les gusta que alguien les mueva el avispero. Los tipos están cómodos en su cueva, con las paredes llenas de dibujitos que inventaron para no morirse de angustia. Vos les venís a romper el jueguito, y te van a querer hacer bolsa."

Ahí, sin darme cuenta, solté una sonrisa. "Peor loco es el que ve lo mismo que todos, pero se hace el dolobu para no cambiar nada. El que se conforma con los cuentos que le venden y se manda a dormir tranquilo. No, a mí no me van a correr con eso. Que me digan lo que quieran. Yo sigo caminando."

El desierto, de golpe, se quedó mudo. Ni una brisa, ni un ruido. Solo el silencio, pesado como un día de calor. Y en ese silencio, me di cuenta de algo: no importaba adónde iba. Lo importante era que caminaba. Que no me quedaba quieto, esperando que la vida me pasara por encima.

Así que seguí, con la frente alta, sabiendo que, al final, lo único que realmente vale es no dejar de andar. Porque el que camina, aunque sea por el desierto, siempre está más cerca de la verdad que el que se sienta a esperar que se la traigan en bandeja.

La escuelita rural

El sol apenas se asomaba cuando Marta cerró el portón del rancho, ya lista pa' la caminata. "Hace frío hoy, carajo", pensaba mientras se ajustaba el pañuelo en el cuello. Eran diez kilómetros de pura tierra y monte, pero ¿qué iba a hacer? No había colectivo que llegara hasta la escuelita, y la ruta, ni hablar, ni rastros de que fueran a arreglarla. Pero a Marta no le importaba, ya estaba curtida con esos caminos. "Si los pibes aguantan, ¿cómo no voy a aguantar yo?" se decía, cada mañana, como para convencerse.

El camino estaba solitario, como siempre. Sólo el silbido del viento entre los quebrachos la acompañaba, junto a las botas gastadas que levantaban polvo con cada paso. En algún momento del trayecto, le cruzaba por la cabeza: "¿Y si cierro todo y me vuelvo a casa?". Pero ni bien pensaba eso, se acordaba de los chicos, esos changos que la esperaban con los cuadernos viejos y las ganas de aprender. Y entonces apuraba el paso, como si esa imagen le diera fuerzas.

Cuando llegó a la escuelita, se fue directo al pozo. El agua salía despacito, a cuentagotas, pero alcanzaba para refrescarse la cara. "Maldita sequía", murmuró. Igual, era parte de la vida en el monte: todo escaso, todo difícil. Pero los chicos no se quejaban, ellos venían igual, con las mochilas a medio llenar y los zapatos -rotos, pero con las cabezas llenas de preguntas. Para Marta, eso era suficiente pa' seguir.

El bullicio de los pibes jugando en el patio la hizo sonreír, pero algo en el aire se sentía raro ese día. Apenas entró al aula, la directora la llamó desde la puerta. "Marta, vení un segundo", dijo con tono bajito. Marta supo de inmediato que algo andaba mal. Cuando se sentaron en la oficina, la directora no tardó mucho en largar la bomba: "Mirá, Martita, van a cerrar la escuela. Dicen que no tiene sentido seguir gastando si no hay camino pa' llegar."

Marta la miró fijo, tratando de procesar lo que había escuchado. "¿Y qué quieren que hagamos? ¿Que los pibes se queden sin escuela?", le salió de una. La directora, con la mirada clavada en el escritorio, sacudió la cabeza. "Dicen que es más fácil cerrar todo que arreglar la ruta o poner un colectivo... Ya sabés cómo es".

El silencio se hizo espeso en la sala. Marta sintió una mezcla de bronca y tristeza que le apretaba el pecho. "No puede ser... estos changuitos no tienen otra cosa, y encima ahora les sacan la escuela", pensaba, tratando de no quebrarse. Afuera, los chicos seguían corriendo, ajenos a la noticia que iba a cambiar sus vidas.

Se levantó de la silla y miró hacia el monte, ese monte que ella conocía tan bien, seco, duro, pero también lleno de vida. "Siempre lo mismo con nosotros... Para ellos somos monte y yuyos nomás", dijo, con la voz quebrada por la impotencia. Pero no era de las que se rendían fácil. No en el Chaco.

Respiró hondo, como si el aire pesado del monte le devolviera algo de fuerza. "Vamos a seguir, como sea. No van a dejarnos en banda. Ya veremos cómo, pero esto no se acaba acá", dijo, con la mirada firme, sin soltar las lágrimas que le quemaban los ojos.

Salió de la oficina con la cabeza en alto, el sol ya pegando fuerte. Los chicos seguían jugando, corriendo por el patio polvoriento, sin saber lo que se venía. Pero Marta, mientras los veía, entendió que aunque cerraran la escuela, no iban a cerrar las ganas de seguir adelante. El monte resistía, y ella también.

El pan de cada día

A las 4:30, el reloj suena como una bofetada en la capital cordobesa. Carla lo apaga rápido para no despertar al bebé, que duerme en su cuna improvisada en el rincón del cuarto. El cuerpo le pesa como si cargara mil kilos, pero se levanta igual. No hay tiempo para el cansancio. "Vamos, que ya sabés cómo es", se dice a sí misma, mientras se amarra el pelo en un rodete y sale descalza hacia la cocina.

La harina se esparce por la mesa y sus manos, curtidas de tanto amasar, empiezan a darle forma a la masa. Aún está oscuro, el frío se siente en los huesos, pero la rutina es la rutina. A las 6:15 tiene que despertar a Juani, llevarlo al colegio a las 7:15, y luego regresar a tiempo para meter los panes en el horno. A las 9 ya tiene que estar en las calles del barrio Centro América, con el changuito lleno.

Juani empieza a moverse en la cama antes de que ella lo despierte. Ya es como un relojito. A sus ocho años, la energía le desborda, y Carla apenas puede seguirle el ritmo. "¡Má! ¡Mirá lo que hice!", grita desde la otra pieza, corriendo de un lado al otro, saltando en los sillones. Carla suspira y sonríe de costado, mientras con una mano le ajusta la campera al bebé y con la otra trata de preparar a Juani para el colegio.

—¿Te llevaste el cuaderno de pintura, Juani? —pregunta, tratando de no perder la paciencia mientras él corre por la casa sin parar.

—¡Sí, má, pero quiero llevar también los lápices de colores! —dice él, sin quedarse quieto ni un segundo.

Carla lo mira, entre el apuro y la ternura. "Cómo me gustaría que las cosas fueran más fáciles", piensa, pero no dice nada. Ya está acostumbrada. Al menos, intenta.

A las 7:30 lo deja en la escuela, dándole un beso rápido en la frente. "Portate bien, Juani, hacé los deberes", le dice, aunque sabe que él va a hacer lo que pueda. El TDAH lo lleva siempre al límite, y Carla, aunque le dedica todo su tiempo, a veces no sabe cómo manejarlo.

De vuelta en la casa, pone al bebé en su sillita y regresa a la cocina. El horno ya está caliente, los panes listos para entrar. Pero justo cuando se acomoda para empezar, suena el teléfono. Es Lili, su amiga de toda la vida, la única que sabe todo lo que está pasando.

—¿Cómo andás, Carli? —la voz de Lili suena cansada, pero con ese tono familiar que la hace sentir un poco menos sola.

—Acá, Lili, con el horno a full. Los pibes no me dejan respirar. Juani hoy estaba insoportable, y el bebé... bueno, ya sabés cómo es, no para de llorar a la noche —dice Carla, tratando de no quebrarse.

—¿Y el padre? ¿Apareció?

Carla hace una pausa. El padre de los chicos siempre fue más ausente que presente. Aparece cuando quiere, trae alguna cosa para calmar la culpa, y desaparece de nuevo.

—Ni noticias, Lili. A veces me trae un paquete de pañales o una bolsa de leche, pero después se esfuma. Es como si no existiera.

—Qué hijo de puta, Carli. No podés seguir así sola, ¿no le dijiste nada?

—¿Para qué? Si le digo, igual no va a cambiar. Ya estoy acostumbrada, Lili, siempre me las arreglé sola —Carla suelta un suspiro pesado, y siente cómo se le aprieta el pecho.

Lili guarda silencio por un momento. Sabe que Carla siempre fue la oveja negra, la que hizo su vida a su manera, la que nunca siguió las reglas de la familia. Pero a veces se pregunta hasta qué punto puede aguantar tanto peso sola.

—Che, pero no podés seguir así toda la vida. Te vas a fundir —le dice Lili, con ese tono de preocupación que Carla no soporta.

—Lili, ¿qué querés que haga? Si no lo hago yo, ¿quién lo va a hacer? Ya sabés cómo es esto... mi viejo aparece cada tanto, pero con él ni cuento. Siempre fue igual. Yo me fui, hice mi vida, y ellos se olvidaron de mí. Siempre fui la oveja negra, ¿te acordás?

—Claro que me acuerdo. Pero igual me parte el alma, Carli. No te merecés estar sola con todo esto.

Carla se queda en silencio. La verdad es que ya ni sabe si le duele estar sola. Es lo que le tocó. Mientras mete los panes en el horno, siente cómo las lágrimas quieren salir, pero las traga. No hay tiempo para llorar. A las 9 tiene que estar en la calle vendiendo, porque si no, no hay con qué comprar la comida de la semana.

—Carli, cualquier cosa que necesités, llamame, ¿sí? No te dejés estar —dice Lili, antes de colgar.

—Sí, gracias, Lili... —Carla cuelga, sintiendo un nudo en la garganta.

El reloj marca las 8:30. El pan está listo. Envuelve las bolsas, carga el changuito y ajusta al bebé al pecho. El día apenas comienza, pero Carla ya siente el peso de todo lo que viene. A veces, parece que el mundo se le viene encima, pero se las arregla. Como siempre. Porque no hay otra opción.

Cuando sale a la calle, el aire fresco la golpea en la cara, y por un momento cierra los ojos, respirando hondo. "Vamos, Carla", se dice. "No aflojés ahora."

El lamento de la selva

En la selva frondosa de Misiones, donde el aire se impregna de aromas terrosos y la vegetación susurra secretos, él vaga entre sombras, un espíritu errante atrapado en un tiempo que no perdona. Recuerda a su amada con un suspiro ahogado, esa batería de risas que solía iluminar sus jornadas. Allí, entre raíces y frondas, su alegría se entrelazaba con la melodía de la naturaleza.

El sol, que se filtra entre las hojas, evoca momentos de calidez y esperanza, cuando todo parecía posible y el futuro se extendía como un horizonte sin fin. "¿Por qué no estuve a tu lado cuando más lo necesitabas?", se cuestiona, mientras el rugido quebradizo de su propia voz reverbera en su pecho como un latido desesperado.

Visualiza sus ojos, destellos de luz como la luna reflejada en el Paraná. Eran faros que guiaban su travesía, y ahora son espejos que reflejan su vacío. "Te fallé, amor", susurra al aire, pero este se lleva su lamento sin compasión, como si su dolor no importara.

La selva lo envuelve con su humedad y su fragancia, y él siente que la tristeza se le incrusta en el alma. "Si tan solo hubiera estado ahí", dice con cada paso, como si pronunciarlo pudiera transformar el pasado. Pero lo que fue, se desliza como agua entre sus dedos, un torrente que arrastra todo a su paso, y él se siente como un tronco varado, a la deriva, esperando el momento de hundirse.

Los recuerdos lo asaltan como lluvias torrenciales: el aroma del mate compartido en el ocaso, las manos entrelazadas bajo el cielo estrellado, un cielo salpicado de nostalgia. Se aferra a esos instantes, pero sabe que son espejismos en su desierto de soledad. “Te prometí que iba a cuidarte”, se dice, mientras el peso de la culpa lo aplasta, como si la tierra misma quisiera devorarlo.

Y ahora, en la penumbra de su desamparo, el silencio se torna insoportable. “¿Dónde estás, mi amor?”, clama al viento, a la selva, a los ríos que lo han visto crecer. “¿Por qué no volviste?” Pero el eco de su voz es lo único que obtiene, un eco que se transforma en un lamento que se pierde en la vastedad.

Las noches se extienden como un interminable sufrimiento, y cada estrella que brilla en el firmamento le recuerda su ausencia. “No sé cómo vivir sin vos”, confiesa, dejando que una lágrima se mezcle con el sudor en su frente. “No sé si alguna vez podré perdonarme”.

Caminando por senderos que parecen no conducir a ninguna parte, busca en cada rincón un susurro, una señal de que no todo está perdido. La selva le habla en su lengua ancestral, pero él no logra comprenderla. Se siente un extraño en su propia vida, como si el tiempo lo hubiera despojado de su esencia.

En lo más profundo de su ser, comprende que el amor no se ha marchado. Está presente, entre las sombras, en cada hoja que se desprende, en cada canto del pájaro que despierta al alba. Pero también sabe que el amor requiere atención, dedicación, y él fracasó. "Si tan solo hubiera estado a tu lado", repite como un mantra, pero los "si" son ilusiones que solo alimentan su tormento.

Así, entre el murmullo del agua y el susurro de la brisa, el hombre sigue su senda, cargando su lamento como una pesada cruz. La tierra misionera lo abraza, lo envuelve en su exuberancia, pero su corazón permanece desgarrado, buscando un consuelo que nunca llega. "Te busco en cada rincón", confiesa al aire, "pero en el eco de mi voz, solo encuentro el silencio de mi culpa".

Entre el ruido y el humo

Desde el umbral de su monoambiente,
mira Rivadavia, bullicio que lo abruma,
la gente corre, avanza, incesante,
mientras su alma se ahoga en la bruma.

"¿Qué busco acá, entre sombras y humos?",
se pregunta, mientras el cigarrillo arde,
cada bocanada ahoga sus insomnios,
un refugio barato, su único estandarte.

Las luces titilan, el reloj lo aturde,
"¿Quién necesita un sueño en este barrio?",
reflexiona, mientras el frío lo muerde,
y el reflejo de risas le suena a relicario.

Con cada exhalación, la angustia asoma,
la noche le pesa, es peso y es duelo,
"¿Hasta cuándo viviré en esta loma?",
mientras afuera, el mundo gira en su vuelo.

Una experiencia psicodélica

La noche arde en la costanera,
las luces titilan como estrellas caídas,
ella se ha perdido entre risas y sombras,
las amigas son susurros lejanos,
mientras una pastilla con cara de Mickey Mouse,
la envuelve en un carnaval de colores.

Bailando entre lo real y lo onírico,
se sumerge en un mar de neón,
sus piernas se mueven, pero el alma se quiebra,
como un vidrio roto, reflejando locura.
"Todo va a estar bien", se repite,
aunque las voces murmuran secretos oscuros.

En cada giro, la euforia se torna pesadilla,
los colores vibran, se desdibujan,
y el latido del corazón es un tambor,
un castigo que resuena en su pecho.
El universo parece reírse, burlón,
mientras su mente busca el hilo de la razón.

Mickey, con su sonrisa de caricatura,
se convierte en un espectro que la acecha,
y el ritmo de la música se vuelve un grito,

una llamada de auxilio ahogada en el ruido.
En medio del frenesí, su mirada se encuentra,
perdida en un abismo, buscando la salida.

La disco es un laberinto, un callejón sin salida,
y ella es la protagonista de una obra de locura,
mientras el viento le trae ecos de advertencia,
susurra al oído: "No es lo que parece".
Pero la noche sigue su danza insensata,
y ella se deja llevar,
atrapada entre el deseo y el temor.

Parar el tiempo

En una habitación polvorienta, llena de maquetas y artilugios, se hallaba Andrés, un hombre que había hecho del tiempo su obsesión. Rodeado de fórmulas arrugadas y bocetos dispersos, su mente burbujeaba con ideas como un caldero en plena ebullición. Pasó noches en vela, con la mirada perdida en los ojos de un reloj antiguo, un viejo testigo que le había susurrado secretos que otros jamás habían oído.

"¡El tiempo es un ladrón!" solía decir, mientras ajustaba un par de lentes que le hacían parecer un loco al borde de la genialidad. Con cada tictac del reloj, su determinación crecía, alimentada por un fuego que solo él podía ver. Había creado un prototipo: un dispositivo extraño, hecho de engranajes chirriantes y luces intermitentes, que prometía congelar el tiempo en un instante suspendido, como un chisme en la barra de un café.

Pero a medida que se acercaba a su meta, algo oscuro emergía de las sombras de su mente, como un gato negro que acecha en la noche. "¿Y si lo que busco es un error?", se preguntaba, mientras sus dedos acariciaban los fríos metales de su invención. Había leído sobre las consecuencias del poder desmedido, las historias de aquellos que, desafiando las leyes de la naturaleza, habían sido devorados por su propia ambición.

"¡No, no, no!", exclamó en voz alta, como si sus palabras pudieran ahuyentar a los demonios que le susurraban al oído. La idea de frenar el tiempo era seductora, pero el resabio de sus dudas lo seguía como una figura en un pasaje oscuro. "Las horas son cadenas que arrastran sueños perdidos", repetía como un mantra, mientras el sudor le corría por la frente.

Afuera, la ciudad vibraba en un torbellino de luces y ruido, el ritmo frenético de una vida que nunca se detiene. El café del barrio burbujeaba de vida, y los transeúntes se movían como si el tiempo les hubiera dado un pase VIP. "¿Qué haría yo con un instante eterno?", pensaba, dejando que su mente viajara a esos lugares donde la nostalgia y el deseo se entrelazaban en un tango.

Pero el reloj no se detenía, y la curiosidad lo empujaba hacia adelante. Finalmente, en una noche oscura y eléctrica, Andrés se dispuso a hacer su movimiento. Con un profundo aliento, se acercó a su invención, los engranajes girando como un torbellino. "Voy a hacerlo", murmuró, y apretó el botón. La máquina chirrió, sus luces danzaron, y el aire pareció espesar.

En un instante, todo se detuvo. Las luces se congelaron, la gente quedó inmóvil en sus caminos, atrapada en una pausa surrealista. Él había logrado lo impensable. "¡Lo logré!", gritó, pero su voz resonó en un silencio inquietante. A su alrededor, el mundo se había convertido en un cuadro estático, y la alegría que había anticipado comenzó a desvanecerse como el humo de un cigarrillo en el viento.

"¿Y ahora qué?", se preguntó, con el corazón latiendo con una mezcla de triunfo y miedo. La realidad se desdibujaba ante sus ojos, y comprendió que el tiempo no solo era un ladrón, sino también un guardián. Había sacado al tiempo de su curso, pero también había extraído la vida de su esencia.

"Lo que buscaba era un sueño", reflexionó, mientras de su risa de acuarela se desvanecía en el aire quieto. Los rostros congelados a su alrededor se convirtieron en recuerdos tristes de lo que alguna vez fue. "¿Quién soy sin el paso del tiempo?" murmuró, sintiendo que la soledad se abrazaba a él con garras de hierro.

En su locura, había encontrado el instante perfecto, pero había perdido todo lo que lo hacía humano. La noche lo abrazó con su manto oscuro, y en su corazón, una certeza cruel brotó: "El tiempo no es un enemigo, sino un compañero que baila con nuestros sueños." Con un gesto de rendición, decidió desactivar la máquina. En un parpadeo, todo volvió a su cauce, y las risas, el bullicio, la vida, regresaron a la escena.

Así, con el corazón pesado y una lección tatuada en el alma, Andrés se alejó de su invención, dejando atrás la búsqueda de lo imposible. Aprendió que no se puede jugar con el tiempo sin pagar un precio; y en su búsqueda, había encontrado el mayor de todos: el valor de vivir cada instante, con sus luces y sombras.

Una obsesión imposible

A veces, las noches son espejos rotos que reflejan lo que callo. Estoy acá, sentado en el bar de siempre, con una cerveza fría entre los dedos, y la mirada perdida en el vaivén de la gente. La risa de ella resuena en mi mente, suave como un susurro de tango, mientras sus ojos brillan como si el mundo entero girara a su alrededor. Ella, la novia de mi amigo Juan, es una presencia que me atrapa, un enigma que no puedo descifrar.

"¿Por qué la miro tanto?" El pensamiento martillea mi cabeza, como un reloj descompuesto que no deja de sonar. A veces me sorprendo al pensar que su risa se ha vuelto una melodía familiar, una canción que tarareo en la soledad de mi pieza. No quiero sentir esto. No quiero sentirla.

La veo al otro lado de la barra, su cabello cae en ondas desordenadas, y su risa se cuela entre las conversaciones, llenando el aire con un encanto imposible de ignorar. "No, no, no", me digo, sintiendo una punzada de culpa. "Es la novia de Juan. No deberías mirar así. No deberías pensar así". Pero mi corazón se aferra a cada instante que paso con ella, como un pibe perdido buscando su camino a casa.

Recuerdo aquella tarde en el parque, riendo bajo el sol, mientras los chicos jugaban a nuestro alrededor. "Sos tan divertido", me dijo, sin saber que su risa era un veneno dulce, un golpe bajo que me hacía desear más. "¿Divertido?" pensé, una mezcla de alegría y tristeza en mi pecho. Ella no tiene idea de lo que provoca en mí. A veces creo que es ella quien ha despertado algo dentro, pero otras veces, la inseguridad me asalta: "¿O será solo un espejismo, un vacío que quiero llenar?"

"¿Te gusta el cine?" me preguntó un día, como si no supiera que la respuesta siempre sería un "sí" cargado de significados ocultos. "Sí", respondí, ahogando las palabras que quería gritar, aquellas que decían cuánto la admiraba. Sabía que Juan tenía su propia película en su mente, y era un protagonista que siempre se colaba entre nosotros. Pero yo solo quería escucharla hablar de sus sueños, de sus miedos. "Siempre he querido ver ese filme", respondí, en un intento de compartir un momento, mientras su risa se deslizaba por el aire, como una bruma liviana que se esparcía como éter llenando cada vacío aparente.

Y ahí estoy, atrapado en esta danza, entre la atracción y la culpa, como una marioneta sin hilos. "¿Qué haría yo sin Juan?" me pregunto, mientras un trago de agua se desliza por mi garganta, suavizando el sabor amargo de esa birra. Birra que se había empinado como un despechado que toma con bronca. Su amistad es un pilar en mi vida, pero ella es una tormenta en mi corazón. "¿Es un pecado sentir esto?" La pregunta me ahoga, me ahoga pero con alevosía, y en cada encuentro, la angustia se apodera de mí, no espera, avanza y me atraca a la vuelta de la esquina.

A veces, cuando me ve, hay un brillo en sus ojos que me hace sentir como un pajarito enjaulado. "¿Qué pensás?" pregunta, y mis palabras se enredan en mi garganta, como si cada sílaba fuera una piedra. "Nada, solo cosas", respondo, incapaz de confesar que la veo en mis sueños, que la llevo en mi mente como un tatuaje que no se va.

Esos momentos compartidos se convierten en un ciclo. La complicidad crece, pero la línea entre la amistad y el deseo se desdibuja, y me encuentro preguntándome si estoy enamorado de ella o simplemente buscando un reflejo de lo que me falta. "Quizás solo estoy proyectando mis inseguridades en su belleza", me digo, mientras la miro reír, como un paisaje lejano, de esos que solo aparecen en cuadros sólo para ser contemplados.

Cuando salimos del bar, la noche es una manta oscura y la luna se asoma tímida. Juan nos espera, y en un rincón de mi corazón, siento que mi amor es un secreto pesado, un fardo que no debería llevar. Pero al mirarla una vez más, me pregunto si alguna vez tendré el valor de hablar, de confesar lo que siento o si seguiré siendo el espectador silencioso de su vida, atrapado entre la amistad y un amor que no puede ser. "¿Y si nunca me atrevo?" me digo, mientras me despido y la veo alejarse, como una estrella que se pierde en la distancia.

En el fondo, sé que este amor, este laberinto de emociones, esta obsesión imposible, es solo una sombra en mi mente, pero ¿quién soy yo para decirle al corazón que no sienta?

Un juego absurdo

La guerra... parece mentira, pero seguimos hablando de ella. Antes, los tipos se mataban cara a cara, espada en mano, mirándose a los ojos, sintiendo el aliento del otro. Sabías a quién le estabas sacando la vida. No digo que fuera mejor, eh, pero al menos había una conexión, por perversa que sea, con lo humano. Ahora, no... ahora te matan con un dron, un robot que ni siquiera sabe tu nombre. Drones kamikazes, cúpulas de hierro, bombas de racimo... ¡Qué palabra ridícula, "racimo"! Suena hasta poético, ¿no? Como si cayeran uvas del cielo. Pero esas uvas son de metal y pólvora, y al que le caen encima no le importa si vino de un "genio" o de un tarado con un botón en la mano. Yo a esos tipos los llamo cagones, porque eso son. Se esconden detrás de una pantalla, a kilómetros, y juegan a ser dioses mientras los demás nos pudrimos acá abajo.

Los "genios" de la guerra, los que inventaron esas cúpulas que te protegen de los cohetes, son los mismos que tiran bombas de racimo. ¿Te das cuenta de la incoherencia? Se creen invencibles, pero no tienen ni una pizca de coraje. Porque el coraje, hermano, no es apretar un botón y borrar a cincuenta tipos de un plumazo. El coraje es otra cosa, es poner la cara, es pelear por algo que vale la pena. Pero no, estos son unos goncas de manual, con sus trajes y sus estrategias. Y así, claro, la historia la escriben ellos, los que ganan. Los que sobreviven para contarla a su manera, para limpiarse las manos y quedar como héroes.

¿Cuántas veces nos la contaron mal? ¿Cuántas veces compramos la versión que nos quisieron vender?

Yo siempre preferí la antropología social. Porque la historia, la historia me cuenta lo que supuestamente pasó, lo que ellos quieren que yo crea. Pero la antropología... la antropología me muestra lo que somos. Y desde ahí, hermano, te puedo decir por qué estamos como estamos. La guerra no empezó con los drones ni con los fusiles. Empezó mucho antes, cuando decidimos que valía más el poder que la vida de un semejante. Y desde entonces seguimos jugando al mismo juego de mierda, solo que ahora lo hacemos con mejores juguetes.

Decir que al país se lo saca adelante trabajando... ¡qué mentira más grande! ¡Tan antigua como absurda! ¿Sabés de dónde viene eso? De nuestros abuelos, que escapaban en barcos, con la esperanza de una tierra prometida. Creían que con laburo todo se arreglaba. Pobres ilusos. Porque mientras vos te reventás las manos laburando, hay otro allá arriba que hace tratos, que vende armas, que financia guerras. Y al final, ¿quién se queda con la tierra prometida? No vos, ni yo, ni nuestros abuelos. Se la quedan los de siempre, los que hacen las reglas, los que las rompen cuando les conviene.

Y así seguimos, atrapados en este círculo vicioso de violencia y mentiras. Nos dicen que la guerra es necesaria, que es el precio de la paz, y muchos se lo creen. Pero la verdad, la verdad es que siempre fueron los mismos cobardes los que tiraron las bombas. Y siempre fuimos los mismos boludos los que pusimos el cuerpo.

Pero, ¿sabés qué? A pesar de todo, hay algo que no pudieron destruir. Algo que ni los drones, ni las bombas, ni esos genios de pacotilla pueden tocar. Y es la esperanza. Porque aunque el mundo esté lleno de cagones, también está lleno de gente que no se rinde. Gente que trabaja de verdad, que se levanta cada mañana y apuesta por un día mejor, no por ellos, ni por el capital, sino por los que vienen atrás, por los que todavía tienen futuro.

La historia la escribirán los que ganan, sí, pero nosotros podemos dejar las marcas que importan. Podemos ser los que, entre tanto caos, construyen algo distinto. Porque por cada guerra que fabrican, hay miles de personas creando, resistiendo, levantando las cosas desde abajo. No es fácil, no va a ser fácil, pero cada vez que uno de nosotros elige seguir peleando desde otro lugar, sin armas ni odio, estamos ganando una batalla que no aparece en los libros, pero que se siente en cada rincón donde alguien no se resigna.

Y quizás eso sea lo único que valga la pena en todo este desastre. Que, a pesar de todo, seguimos acá. Y mientras haya uno solo que no se conforme con el mundo que nos quisieron vender, hay esperanza de cambiarlo, o por lo menos, de mejorarlo un poco.

Sobre buenos y malos

Te voy a hablar despacio, no te preocupes. No hay apuro. Podemos empezar suave, tranqui. Porque viste que uno arranca con lo obvio: el bien, el mal... esas pavadas de las que nos hablaron toda la vida. Como si el mundo se pudiera partir en dos mitades limpitas, como un alfajor bien cortado. Pero la realidad no es así, ¿o sí? Decime vos, ¿en serio creés que hay un lado bueno y un lado malo, como si fuera tan fácil? Yo no sé, eh. Me da que no es tan lineal.

Pensá un poco. A todos nos gusta pensar que somos buenos, ¿no? Que hacemos lo correcto, que no nos equivocamos. Pero, ¿qué pasa cuando estás solo? Sí, cuando no hay nadie mirando, cuando no tenés que rendir cuentas a nadie,. Ahí la cosa se pone más jodida, ¿no? A veces hacemos lo que no queremos admitir, o tal vez lo que nunca le contarías a nadie. Pero pará, no te estoy diciendo que seas malo, no. Solo que hay algo ahí, en esa zona oscura, algo que tal vez no querés mirar de cerca. ¿O sí?

Es que el bien y el mal no están separados como nos hicieron creer. No, no me vengas con esas historias de héroes y villanos, eso dejalo para los pibes. Acá, en el mundo real, todo es más complicado. Vos mismo lo sabés. ¿Cuántas veces te encontraste haciendo algo que no encajaba en esa idea prolija que tenés de vos? Algo que no calza con la imagen que vendés al resto.

Pero no pasa nada, no te estoy juzgando. A todos nos pasa. Sí, a todos. Dale, admitilo, entre nosotros no hace falta caretear.

¿Y sabés qué es lo más loco? Que en cada uno de nosotros están esas dos cosas, el bien y el mal, conviviendo como si nada. Se codean, toman mate juntos. Y cuando menos te lo esperás, se mezclan. Un día sos el tipo que hace todo bien, al otro... bueno, al otro hacés cagadas. Pero no me malinterpretes, no te estoy acusando. ¿A quién le importaría? Al final, sos humano, como yo, como cualquiera. Nos pasamos la vida buscando respuestas que ni siquiera sabemos si existen. Pero, ¿y si no hay respuestas? ¿Y si la clave está en aceptar que no somos ni buenos ni malos? ¿Que en el fondo somos un poco de todo?

Mirá, no quiero darte cátedra de moral, ni mucho menos. Solo te pregunto, ¿nunca te pasó? Eso de decir una cosa y hacer otra. De convencerte de que sos el bueno en esta película, pero después te encontrás con las manos en la masa, haciendo lo que juraste que no harías. No sé, capaz que sí, capaz que no. Pero pensalo. No te lo digo para que te sientas mal. Nada que ver. Solo que, a veces, es interesante ver las contradicciones en las que vivimos. Es casi gracioso, ¿no?

El bien y el mal... qué cosa rara, ¿no? Y acá estamos, vos y yo, charlando de esto como si fuera algo que pudiéramos resolver. Pero, ¿sabés qué? No creo que haya que resolver nada. Capaz que solo se trata de entender que somos un quilombo andante. Y está bien. Porque por eso estoy acá, hablando con vos. Para ver qué opinás, cómo lo ves. Al final, ¿no es eso lo que importa? Vos, yo, el bien, el mal... todos en la misma bolsa.

La excusa de mi café

Llego al bar de siempre, medio dormido,
las veredas se mojan de rutina,
el barrio despierta, todo está tranquilo,
y el aroma a café me empuja a la esquina.

Me siento en la mesa que ya es mi trinchera,
el diario de ayer y un cigarro apagado,
y mientras revuelvo la taza ligera,
mis ojos la buscan, sin ser encontrado.

Ella aparece, como el sol entre nubes,
con su delantal y su andar despreocupado,
me tira un "buen día" que a mí me sacude,
y en esa sonrisa, ya quedo encantado.

No es el café lo que me tiene en vilo,
ni el humo que sale del mate cocido,
es esa sonrisa, el detalle sencillo,
que arranca la niebla de mi recorrido.

Hablo pavadas, le cuento lo mismo,
"Hoy el clima anda medio jodido",
y ella me mira con esos ojitos
como si entendiera todo lo que digo.

Pero, ¿sabés qué? No importa la charla,
ni el diario, ni el tiempo, ni el sol que calienta,
yo vengo al café porque quiero encontrarla,
y su risa, mi excusa, me espera contenta.

Es que en ese rincón, donde el barrio respira,
yo me vuelvo a sentir más que vivo, más entero,
porque el día arranca bien cuando ella me mira,
y en su boca se enciende el primer "te quiero".

Oscar

El 88 lo espera en Balvanera, un refugio de metal y ruido. A sus 58 años, para Oscar el tiempo se ha vuelto un concepto difuso, un suspiro en su mente que se niega a morir. Se aferra a la rutina del viaje, tres horas de ida y tres de vuelta, un safari por el conurbano bonaerense. Afuera, el mundo gira y la vida se despliega en imágenes rápidas, mientras él se hunde en el sopor de la madrugada.

Las estaciones pasan como sombras: Flores, Liniers, Ciudadela. En cada parada, siente que el aire se vuelve más denso, un recordatorio de su condición. Se ha acostumbrado a la mirada de la gente, a los gestos de rechazo o a la indiferencia que le regalan. Para ellos, él es solo otro vagabundo, un paria en un tren que nunca llega a su destino.

Pero quedarse quieto es más peligroso. No hay mejor cama que un asiento de colectivo, donde el vaivén lo arrulla y lo adormece. Así, se entrega a los sueños, aunque siempre hay un ojo abierto, consciente de que la noche es un terreno minado. Fue en una de esas noches, cuando la oscuridad se vuelve palpable, que dos malandras se acercaron a él. En un instante, la vida se detuvo. Sin mediar palabra, se abalanzaron, y la mochila que tenía, un recuerdo de tiempos más amables, desapareció en un abrir y cerrar de ojos.

Se quedó paralizado, sintiendo cómo el vacío se apoderaba de su pecho. Esa mochila, que contenía un cepillo de dientes, un peine barato de hotel y un champú dos en uno, se fue con ellos. El champú, que prometía una frescura que nunca llegó a disfrutar, ahora es solo otro símbolo de lo perdido. "¿Y qué es lo que me queda?", piensa. "¿Una resaca de lo que fui, un susurro en el viento?"

El colectivo avanza, y él sigue su viaje. En cada parada, reflexiona sobre lo efímero de su existencia, sobre cómo la vida se ha vuelto una lucha por la supervivencia, un juego de azar en el que siempre pierde. Y mientras la gente entra y sale, él se aferra a su lugar en este mundo de sombras, buscando respuestas en el vaivén del colectivo y en los rostros ajenos que nunca lo ven. "Tal vez no esté tan solo", se dice, "tal vez todos llevamos nuestra propia mochila, cargando lo que podemos, y eso es lo que nos hace humanos."

Un café sin *scroll*

En un bar bohemio del barrio del Carmen, Valencia, dos hombres se encuentran por primera vez. Uno es argentino, Diego, de Buenos Aires; el otro es valenciano, Pau. Afuera, el otoño humedece las calles y huele a mar, mientras adentro, entre sillas de madera gastada y paredes llenas de carteles antiguos, ellos sostienen tazas de café humeante.

Diego observa su taza con una sonrisa irónica.

—Che, qué loco, ¿no? Vos y yo acá, después de tantas charlas virtuales. Pensar que te imaginaba como un personaje, un nombre con avatar. ¡Y eras vos, nomás! De carne y hueso.

Pau ríe, con ese acento inconfundible de la costa levantina.

—Sí, sí, nano, a mí también me pasaba eso. Te veía siempre en esa foto tuya con el mate y un fondo que parecía Patagonia. En plan, ya me hacía la película de que vendrías con nieve en las botas.

Diego suelta una carcajada.

—Jajaja, la nieve te la debo. Es loco cómo uno se hace una imagen de la otra persona, ¿no? Como una versión trucha de la realidad, un espejismo.

Pau asiente, pensativo, y le da un sorbo al café.

—Un espejismo… sí, tete. Y si te digo la verdad, pasa en todo, hasta en la forma de hablarle a alguien. Hoy día, hablarle a una mujer, por ejemplo, es como hablarle al viento. Tiene tantas reacciones, tantos mensajes, que pareciera que cada palabra tuya va directo a la papelera de notificaciones. Y no porque no le interese, sino porque… bueno, porque está todo tan saturado, ¿sabes?

Diego hace un gesto de resignación.

—Eso es tremendo, hermano. La otra vez le hablé a una chica que me gustaba y ni me contestó. Entre todos sus likes y mensajes de gente que ni conoce, el mío era uno más. Todo se volvió tan artificial. Es como si el valor de una charla dependiera de cuántos corazoncitos tiene en su última foto.

Pau se encoge de hombros, con una mezcla de resignación y risa amarga.

—Es que es verdad, nano, todo es cuestión de números ahora. Nos hemos convertido en estadísticas. ¿Sabés cuánta gente sigue a una persona solo para ver si "les devuelve el follow"? Es absurdo. Te lo digo yo, que tengo amigos que solo hablan si has reaccionado a sus historias. ¡A eso hemos llegado!

Diego mira a la gente alrededor, todos con sus teléfonos en la mano, atrapados en sus pequeñas pantallas.

—Es que, en las redes, ya no le hablás a una persona; le hablás a una versión pública de ella. Hay una distancia enorme, una especie de muro de cristal entre la persona y el perfil. Cada reacción se siente vacía, como si estuvieras gritando en una plaza llena de gente que no tiene tiempo para responder. Hoy en día, hablar cara a cara, sentarse a tomar un café, ¡eso es un milagro!

Pau tamborilea los dedos en la mesa.

—Antes, tete, hablar con alguien cara a cara era lo normal. Ahora parece un lujo. Nos hemos acostumbrado tanto a la superficialidad que hasta hemos perdido la paciencia. Si no nos contestan al minuto, ya estamos pasando a la siguiente. Es como cambiar de canal todo el rato, en plan, "a ver si encuentro algo que me entretenga más".

—Y ahí está el problema —dice Diego, sosteniendo la taza entre las manos—. Extraño la época en que cada charla tenía su tiempo, su espacio. Ahora cada mensaje compite con otros cien, y cada conversación se pierde entre miles de otras. Es como si estuviéramos tirando palabras al viento.

Pau asiente, reconociendo la escena.

—Es una locura, nano. Hemos reemplazado el “sentir” por el “ser visto”. Nos estamos consumiendo a nosotros mismos en esta carrera de interacciones. Pero una conversación real, con miradas, silencios incómodos, risas espontáneas... eso no se reemplaza, eso es lo que de verdad cuenta.

Diego afirma, mirando de nuevo a la gente absorta en sus teléfonos, sin levantar la vista ni para probar el café.

—Parecen zombies, atrapados en un mundo digital. Intentando llenar ese vacío con likes, pero todo sigue tan superficial como antes. Es como un tango triste de Gardel que alguna vez se perdió entre los recovecos de Caminito.

Pau sonríe, y en ese gesto, hay una pequeña resistencia, un pacto silencioso. Levantan sus tazas de café en un brindis discreto. Saben que las redes sociales no pueden reemplazar lo que tienen frente a ellos: el encuentro cara a cara, la chispa de una conexión auténtica. Al final, entienden que el verdadero “posteo” está aquí y ahora, en ese rincón del bar, en la charla sin filtros y en la presencia que las redes, por más que lo intenten, jamás podrán replicar.

Dos amigos caminaban por la costa en una tarde de primavera. Los rayos del sol se desparramaban en las olas, y el viento suave parecía arremolinar las palabras de ella y Martín, llevándolas al vaivén del mar.

El misticismo de la vida

—Mirá, Tincho —ella levantó los brazos al cielo, su voz calma, como el agua al anochecer—, vos y yo somos energía, pura vibración, una danza en esta gran orquesta cósmica.

Martín alzó las cejas y le tiró una piedrita al agua, mirando cómo se hundía en círculos concéntricos.

—No sé, amiga. Vos siempre con esas ideas. ¿Energía? Yo veo piedras, veo el agua, siento el viento, pero no me veo vibrando, no sé. Capaz soy yo, que soy medio bruto.

Ella rió, una risa suave y contagiosa, y le dio un golpecito en el brazo.

—Eso es porque pensás con la cabeza, Tincho. Intentás medirlo todo, encajarlo en un molde. Pero hay cosas que no se pueden ver, ¡se sienten! Es como el amor o la tristeza... No las ves, pero sabés que están.

Martín frunció el ceño, clavando la mirada en el horizonte, como si ahí pudiera encontrar una respuesta.

—Pero una cosa es el amor o la tristeza. Son cosas que me pasan. Sentimientos. Vos hablás de algo que está en todos lados, todo el tiempo. ¿Y si simplemente no es así? —Se rascó la nuca, incómodo, y luego la miró—. No quiero ser mala onda, pero a veces siento que vos querés meterle poesía a lo que es pura casualidad. Como si buscaras sentido en lo que tal vez no lo tiene.

Ella lo miró, con esa mezcla de paciencia y cariño que solo tiene una amiga que sabe entender sin juzgar.

—Amigo, el sentido no se busca. Se encuentra. Es como un río: fluye, ¿entendés? No tenés que entenderlo ni controlarlo; solo dejarte llevar, sentir.

—¿Fluir? —soltó él, haciendo una mueca—. Eso suena a que me tengo que hacer el distraído y dejar que la vida me pase por encima.

—¡Nada que ver! —lo cortó ella, riéndose—. Fluir no es hacerse el bobo, sino escuchar. Escuchar el mundo que te habla, la naturaleza, tu propio cuerpo. Es como si la vida fuera música y nosotros estuviéramos bailando. Pero vos querés entender la melodía en vez de dejarte llevar por el ritmo.

Martín suspiró, resignado.

—¿Y qué hago, entonces? ¿Me vuelvo un colgado que sigue la corriente, sin preguntar, sin cuestionar?

Ella bajó la cabeza, pensativa, como si estuviera buscando las palabras correctas para que él la comprendiera. Al cabo de un rato, levantó la vista y le sonrió.

—No, amigo. Cuestioná, preguntá, eso está perfecto. Pero no te cierres a lo que no entendés. Mirá... vos sentís el viento en la cara, ¿no? No lo ves, pero lo sentís. ¿Por qué no podés hacer lo mismo con la energía, con la vida? La vibración está ahí, solo que no la estamos mirando con los ojos.

Martín se quedó en silencio, masticando sus palabras, mirando cómo el sol desaparecía lentamente detrás del horizonte.

—Capaz... capaz es cuestión de aprender a mirar de otra forma, ¿no?

Ella asintió, como si él acabara de decir algo que, en el fondo, ella siempre había querido que él entendiera, algo que uno lleva dentro pero que solo aflora cuando alguien lo despierta.

—Exacto, Tincho. —Le guiñó un ojo y le dio un suave empujón—. No se trata de ver, sino de sentir. Hay cosas que se ven con los ojos del alma, no con los ojos de la cara.

Y en ese preciso instante, Martín sintió algo distinto, como una revelación que no encontraba cómo poner en palabras. Como si esa charla con su amiga le hubiera mostrado un rincón nuevo del mundo, uno que había estado ahí siempre, pero que él nunca había mirado de frente.

Ella lo miró y sonrió, con esa sonrisa suya que lo decía todo sin decir nada.

—¿Sabés, Tincho? —dijo, volviendo la vista al horizonte, donde el cielo y el mar parecían fundirse—. La vida es como el mar: si te resistís, te ahogás. Pero si te entregás al ritmo, como si fuera una melodía, hasta el miedo se diluye. Porque en el fondo, nada es tan pesado como para hundirnos... solo si soltamos.

Martín la miró de reojo, sin decir nada, dejando que sus palabras resonaran como una nota suspendida en el aire. Tal vez, después de todo, ella tuviera razón, y lo que necesitaba no era entenderlo, sino aprender a escucharlo.

Tierra de sombras

Este pueblo, a treinta kilómetros de la nada y tan lejos del ruido de la ciudad, es el lugar perfecto para que el silencio esconda secretos. Con sus treinta mil habitantes, parece quieto, un pueblito más de esos que no se mueven ni con la tormenta, pero bajo la calma aparente, hay un mundo que se agita y se retuerce. Un mundo que se cuenta en murmullos y en miradas que evitan encontrarse.

La escribanía, el "santuario" de las escrituras y de todo papel que otorgue propiedad, está en manos de Don Elías, un hombre que viste siempre de gris, con el tipo de sonrisa que, si la mirás de cerca, tiene más de zorro que de notario. ¿Vos lo ves por la calle? Parece inofensivo, un viejo que anda con su trajecito arrugado, siempre saludando como si de verdad le importara la gente. Pero los que vivimos acá sabemos que sus saludos tienen más filo que un cuchillo.

Dicen que Don Elías maneja las escrituras como un tahúr maneja los naipes: con habilidad y poca vergüenza. Si tuviste la mala suerte de caer en su despacho, es probable que salgas con menos tierra de la que tenías al entrar. Las historias son tantas que ni vale la pena contarlas todas, pero algunos casos son más que conocidos. Están los que firmaron un papel creyendo que era un trámite simple y, de la noche a la mañana, su terreno ya tenía nuevo dueño. Claro, en el pueblo eso no se cuenta mucho. ¿Para qué? Acá nadie le pone palabras a lo que se sabe de sobra.

En la plaza, el centro indiscutible de toda vida pueblerina, los jubilados se juntan a comentar la última novedad del clima o el precio de la yerba, pero de los negocios de Don Elías, ni una palabra. Es como si hubiera un pacto no escrito. Todos saben lo que pasa, pero nadie lo menciona. Es una especie de acuerdo tácito, un código de silencio que mantiene al pueblo en calma, o al menos en una calma que no se sacude demasiado.

Uno de los personajes más interesantes de la plaza es Don Pedro. Siempre en el mismo banco, con la mirada perdida y un cigarro en la mano. Él sabe, seguro que sabe, pero también sabe que en este pueblo es mejor guardarse los secretos para uno mismo. Lo ves ahí, fumando y observando, y te das cuenta de que lo que no cuenta, lo guarda. Uno le pregunta algo y él sólo te tira una sonrisa breve, de esas que no tienen prisa en responder nada, de esas que son falsas pero parecen de cortesía. Ahí queda, como una estatua en medio de esta historia que todos conocen, pero nadie cuenta.

La última vez que escuché algo sobre las "hazañas" de la escribanía fue en la cantina, de la boca de Juan, el herrero. A Juan le gusta hablar cuando el vino le afloja la lengua. Esa noche me contó sobre su primo, que perdió el campo por una de esas famosas "cesiones de derechos". Fue al despacho de Don Elías por un trámite, firmó donde le dijeron, y un par de meses después, se enteró de que el terreno ya no era suyo. "Cesión de derechos", le dijeron, como si esa frase encerrara la respuesta a todo. Juan se rió, pero no era una risa alegre. Era de esas que en el fondo esconden bronca, o algo peor.

A veces, pienso que en este pueblo todos sabemos que nuestras tierras no nos pertenecen. Que, en el fondo, siempre están a un paso de ser de otro. Y lo aceptamos, como aceptamos que llueva en invierno o que el calor apriete en verano. La tierra, lo que debería ser nuestro, está ahí para ser negociada en los papeles que otros firman en oficinas que no pisamos, y la historia que guarda, bueno, ésa se va borrando un poco cada día.

Y yo, mientras tanto, sigo en mi banco, en alguno, de algún lugar muy cercano, mirando cómo el pueblo se desliza hacia el olvido. Como si nada pasara, como si los secretos que guardan las paredes fueran a quedarse ahí para siempre.

Una noche en Patraix

La noche en el barrio de Patraix caía espesa, como una manta húmeda que asfixiaba en silencio. Desde mi cuarto veía el mundo afuera entregado a una quietud profunda, pero esa paz duró poco. Todo empezó como un susurro perdido en el patio interno, subiendo hasta que se convirtió en un grito desesperado.

"¡Salvajismo... mental... natural!" gritó una voz ronca desde algún balcón, rebotando entre las paredes. El retumbe se colaba por las ventanas abiertas reverberando el desquicio, como si de pronto todos en la finca estuviéramos atrapados en una misma locura. El grito se repitió con la intensidad de quien cree tener algo que salvar.

"Las personas del piso cuatro, puerta diecisiete, finca siete... ¡marchen dos horas de silencio!" dijo la voz, cargada de una autoridad extraña, como si estuviera dictando órdenes a algún batallón de invisibles. Me levanté apenas de la cama, medio entre intrigado y asombrado, preguntándome si era cosa de algún loco. Seguro, pensé, debe ser uno de esos viejos con delirios, los mismos que uno se cruza en la calle hablando solos.

"¡Salvajismo, salvajismo, salvajismo... en los montes de Ayora!". Esa última frase, que resonaba de manera casi poética, me hizo imaginarlo en alguna montaña, perdido entre fantasmas, gritando para que alguien lo escuchara. Fue una imagen absurda y a la vez trágica. Lo cierto es que, ahí, frente a mi ventana, la voz se fue apagando poco a poco, dejándome una sensación amarga. Justo entonces comenzó a sonar en mi habitación "El Che y los Rolling Stones" de Los Rancheros. Ironía del destino, pensé. La voz se iba perdiendo y la música tomaba su lugar, como si la canción se convirtiera en el final de su grito.

No podía sacarme de la cabeza la escena. Ahí estaba, en mi piso compartido, escuchando desvaríos de un tipo que probablemente estuviera rozando la demencia senil, la culpa de mis pensamientos apresurados me cayó como un balde de agua fría. Compartir piso en Valencia tiene su magia, claro, pero también es un terreno minado de conflictos silenciosos, tensiones que crecen en la oscuridad, detrás de cada puerta. Convivir con desconocidos es vivir en una paz fingida, donde el respeto es solo una línea delgada, una tregua frágil que puede romperse en cualquier momento.

Perdido en esos pensamientos, fui interrumpido por un ruido raro. Al principio, era un leve rechinar de cama. Lo primero que se me vino a la mente fue lo obvio. Lo sexual. Es una reacción automática, pienso yo; uno oye el sonido y su mente se va directo a la cama ajena. Me asomé un poco, pero claramente no veía nada. No es que me diera vergüenza el sexo, pero sí me generaba cierto pudor. La convivencia nos acostumbra a escuchar, a espiar sin querer, aunque hagamos de cuenta que no nos importa.

Entonces, de repente, un grito corto, agudo, rompió el aire. Bajé el volumen de la música, tratando de entender lo que pasaba. Mi instinto de curioso –o de chismoso, si se quiere– se había despertado por completo. Me quedé en silencio, esperando oír algo más, pero el grito se apagó tan rápido como había empezado.

En esos segundos de quietud, mis pensamientos vagaban entre las paredes del edificio, en los secretos que cada uno guardaba tras sus puertas. Porque eso es la convivencia: un pacto de no agresión, una especie de tregua entre desconocidos que apenas se saludan. Detrás de cada "buenas noches" forzado, de cada sonrisa incómoda en el pasillo, se esconde la fatiga de compartir espacio. Somos muchos los que vivimos en pisos ajenos, compartiendo un espacio que nunca es del todo nuestro, cuidándonos de no cruzar ciertos límites, de no romper esa paz frágil que nos mantiene a flote.

Me quedé ahí, en mi cuarto, escuchando el eco de la canción que seguía sonando en el parlante, llenando la habitación con ese aire nostálgico. Pensé en el viejo que gritaba al viento, en la pareja de al lado que había interrumpido el silencio con su propia intimidad, algún que otro animal pequeño pero bochinchero. Y me di cuenta de que la convivencia en un piso compartido es, en el fondo, una mentira. Todos sabemos que, tarde o temprano, esa calma se romperá, que el ruido del otro se volverá insoportable, que los gritos en el patio no serán un accidente.

El dejo de sus palabras y de aquella canción se quedó en el aire, dejando un sabor amargo en mi boca. Porque la convivencia, esa paz disfrazada, es apenas un respiro antes de que alguien –el loco del balcón, la pareja de al lado, yo mismo– decida gritar su propia verdad y recuerde al resto que, en el fondo, estamos todos solos.

Corrupción a la criolla

Desde el '83, con bombos y alegría,
se llenaba la Plaza, volvía el país.
Pero en el fondo, la misma porquería,
los trajes cambiaron, el juego, ni ahí.

Promesas grandotas, discursos que venden,
y en cada elección, se repite el chamuyo.
Nos chamuyan de frente, nos pisan la frente,
mientras ellos avanzan y el pueblo labura en lo suyo.

Se arman el curro, total es la misma,
se van con las manos llenas de poder.
Nos dejan la resaca, la cuenta y el "aguantá",
y un sueño de justicia que nunca ha de volver.

Nos venden humo, con cara de yo no fui,
y el verso de siempre, que nos cura la herida:
"Queremos lo mismo, mirá si te mentiría,
que esto es por vos, por la patria querida".

¿Y qué queda? El changuito, vacío, en la esquina,
el barrio que llora por falta de pan.
Ellos, de traje, facturan en la oficina,
nosotros la garpamos, de acá hasta el final.

¡Ay, Argentina! Nos viven mintiendo,
mientras llenan sus cuentas y aprietan el puño,
los pibes sin laburo y el país descontento,
¿pa' cuándo, che? ¿Pa' cuándo un poco de rumbo?

Que si seguimos callados, comprando el chamuyo,
se van a llevar todo, hasta el aire en la esquina.
Pero seguimos soñando, con fuerza y empuje,
que el día llegará, y la calle, la calle será Argentina.

El petiso melenudo

La noche se cernía sobre Buenos Aires como un manto pesado, y en las calles, un murmullo de preocupación se deslizaba entre los transeúntes. En medio de este clima de intriga y desasosiego, había un personaje que se había vuelto el rey del espectáculo, un tipo siniestro que, a fuerza de promesas y sonrisas, había tomado el mando del país.

El petiso, como lo apodaban en los barrios, tenía una melena alborotada que parecía haber sido peinada por un huracán. Su cabello, enredado y descuidado, le daba un aire de genio desquiciado, pero no era más que un disfraz para ocultar su vacío. Se movía con una seguridad que desarmaba, como si cada paso en el escenario fuera parte de un plan maestro. Sin embargo, muchos veían en él un embaucador, un charlatán que ofrecía espejitos de colores a un pueblo desesperado por el cambio.

"Prometió el oro y el moro", decían los viejos de la vereda, con la voz cargada de desconfianza. "Pero a la hora de la verdad, es puro chamuyo." La ironía era que, pese a las advertencias, muchos caían en su hechizo. Les hablaba de un futuro brillante, de un país renacido, y sus ojos chispeaban con una intensidad que era difícil de resistir. La gente lo aplaudía, lo vitoreaba, como si de un ídolo se tratara, ignorando el abismo que acechaba tras su sonrisa.

El petiso se paseaba entre las celebridades como un rey en su corte, abrazando a las vedettes y riendo con los conductores. Sus apariciones eran un espectáculo en sí mismo; el escenario iluminado se convertía en su reino, y sus discursos, aunque vacíos, resonaban con fuerza en los corazones de muchos. "Este tipo tiene magia", comentaban los más ingenuos. "Lo que promete no se lo cree ni él, pero es tan carismático...". Sin embargo, en el fondo, era un cínico, un hombre que se alimentaba del dolor ajeno, que convertía las ilusiones de los demás en su propio combustible.

Los que se atrevían a desafiarlo, a cuestionar sus métodos, desaparecían en el aire, como si nunca hubieran existido. La corrupción se tejía a su alrededor como una telaraña, y él era el araña que, sin remordimiento, devoraba a los que caían en su trampa. "Es un estafador", murmuraban con temor aquellos que habían visto su verdadera cara. "Un tipo que juega con los sueños de la gente mientras se aferra a su poder".

Pero tras esa fachada de encantador de serpientes, había un hombre atrapado en su propia farsa. Cada vez que el petiso miraba al espejo, no veía al líder que creía ser, sino un niño asustado que había olvidado cómo ser amado. Las luces del espectáculo lo envolvían, pero, en el fondo, el eco de su risa resonaba vacío, como si cada carcajada fuese un intento fallido de llenar el abismo que lo consumía.

El tiempo pasó, y la burbuja que había creado comenzó a estallar. Las promesas quedaron vacías y la gente, harta de mentiras, comenzó a despertar. El aplauso se convirtió en silencio, y el petiso, que una vez fue el rey del escenario, se encontró solo, con su melena desordenada y la mirada perdida.

En su derrota, algo cambió. La dureza del fracaso lo llevó a un lugar de reflexión. Ya no era el gran titiritero; era un hombre que había olvidado el camino a casa. Las luces que antes lo cegaban ahora le mostraban el reflejo de su soledad. Quizás, solo quizás, entendió que la búsqueda de la aceptación y el poder lo había dejado vacío, y que había más en la vida que la fama y la apariencia.

Y así, al final de su reinado, el petiso quedó expuesto. Aunque fue un tirano, también fue un ser humano, atrapado en la misma red de ambiciones y sueños rotos que había tejido a su alrededor. La compasión brotaba en medio de la desilusión, porque, en el fondo, a pesar de sus crímenes, había sido víctima de su propia locura. La Argentina, con todo su dolor, le ofrecía una lección: no se puede gobernar un corazón con miedo, ni construir un futuro sobre mentiras.

Café chino

En la terraza de una cafetería en el barrio chino de Bailén, en Valencia, dos amigas se sientan a compartir una tarde nublada y una conversación íntima. Entre el bullicio distante de las callejuelas y el aroma a especias orientales que se filtra en el aire, el ambiente es un poco más denso, como si aquella esquina escondiera secretos y confesiones largamente guardadas.

Daniela, con un gesto distraído, empieza a revolver su cartera. Entre una sonrisa resignada y un ligero suspiro, se da cuenta de que había olvidado lo que buscaba. Alza la mirada y vuelve al presente, donde Marina ya está encendiendo un cigarro con calma, como quien abre la puerta de su propio silencio antes de empezar a hablar.

Marina da una larga calada, observando el humo elevarse y desdibujarse en el aire húmedo de la terraza, y al fin se atreve a decir lo que le pesa.

—Últimamente siento que vivo en una montaña rusa —susurra, con la mirada perdida entre las luces de neón que parpadean en la calle—. Hay días en los que me siento bien y otros en los que me cuesta incluso salir de casa. No sé cómo llevarlo...

Daniela escucha en silencio, asintiendo con la familiaridad de quien entiende esas oscilaciones.

—El amor... —empieza, como si sus pensamientos hubieran estado esperando su turno para salir—, a veces deja cicatrices que no terminan de cerrarse. Antes de venir a España, dejé a alguien importante atrás. Y aunque sé que fue lo correcto, no hay día en que no me pregunte si hice bien.

Marina exhala otra bocanada de humo, dejando que el aire se impregne de sus propias palabras, tan pesadas como el olor que envuelve la terraza.

—Es complicado, ¿no? —dice finalmente—. Yo salía con alguien que parecía perfecto. Todo parecía encajar, pero al final... no sé, había algo que nunca cuadraba del todo. Al principio me aferraba a la idea de que las cosas podían mejorar, pero cada vez me sentía más vacía, como si me desvaneciera un poco cada día.

Daniela asiente, cada frase de Marina parece abrirle sus propios recuerdos.

—Te entiendo. Yo también estuve con alguien que me conocía como nadie. Nos entendíamos con solo mirarnos, pero a veces... me hacía sentir como si estuviera en segundo plano, como si mi lugar en su vida fuera una concesión. Me dolía, pero me convencía de que podía cambiar.

Marina le sostiene la mirada, y en sus ojos brilla el mismo cansancio, la misma mezcla de esperanza y desilusión que parece anidar en ambas.

—Es esa esperanza la que más duele —suspira Marina, apartando la mirada hacia el cartel de la cafetería que destella en caracteres orientales—. Porque te decís: "Lo amo, entonces él me va a amar igual". Pero, al final, una empieza a perderse en eso, como si te fueras apagando.

Daniela se abraza a sí misma, dejando que sus pensamientos fluyan, cada uno con su propio peso.

—Qué bronca da. El amor debería ser algo que te haga crecer, ¿no? Pero terminamos aferrándonos a una idea de amor que solo nos desgasta. Nos lanzamos al vacío esperando que alguien nos llene, aunque, en el fondo, esa persona también esté llena de grietas.

—Es cierto —responde Marina, pensativa—. Creí que él iba a ser mi final feliz, como en las películas. Pero la realidad no es así, y duele, ¿sabés? Duele aceptar que esos sueños eran solo espejismos.

Daniela le da una palmada suave en el brazo, como quien consuela a una hermana en medio de la tormenta.

—Duele, sí, pero también aprendemos —dice en voz baja, como si hablara más para sí misma que para su amiga—. Mi abuela siempre decía que los amores difíciles nos enseñan más sobre nosotras mismas que sobre la otra persona. Con el tiempo, entendí que el amor no es algo que debamos cargar como un peso. Cuando empieza a doler más de lo que alegra, es momento de mirarse en el espejo y enfrentar la verdad, aunque duela.

Marina asiente lentamente, como quien acepta algo que ya sabía en el fondo.

—He aprendido tanto de esta historia... Ahora intento enfocarme en mí, en encontrar quién soy sin necesitar a nadie a mi lado para sentirme completa.

Daniela sonríe, dejando que sus palabras traigan un poco de paz.

—Esa es la clave, amiga. Encontrarse a una misma. El amor es hermoso, pero para que funcione, ambas personas tienen que aprender a amarse solas primero.

Marina apaga el cigarro y se queda mirando el último rastro de humo que se disuelve en la tarde, como si fuera la sombra de aquel amor que ya no existe.

—Es como aprender a bailar sola, ¿no? —murmura—. Encontrar tu propio ritmo sin necesitar que alguien te guíe. Tal vez algún día encuentre a alguien que quiera bailar conmigo, pero sin que nos pisemos los pies.

Daniela le sonríe con complicidad.

—Exacto. Y cuando llegue, que te sume, no que te reste. Después de todo, el amor debería ser como esta charla: sincero, lleno de pausas y silencios, pero con ese deseo de quedarse.

Las dos se quedan en silencio unos segundos, dejando que sus palabras se acomoden entre ellas, como si fueran piezas que al fin encajan. Afuera, la tarde sigue su curso, y ambas sienten que, en esa pequeña terraza del barrio de Bailén, han dejado algo atrás, algo que ahora parece menos pesado y, quizás, un poco más fácil de llevar.

El cachivache

Te lo voy a contar como lo viví, aunque te parezca un cachivache total. Fue un hallazgo de esos que te atraviesan como un flechazo, y ahí quedás, como un tonto, frente a algo que no entendés ni vas a entender. En una galería perdida de San Telmo, casi escondido entre lámparas de bronce y relojes que ya no marcan nada, lo vi. Era una cosa indefinida, ni estatua ni aparato, pero tenía peso, sustancia, como si guardara en su interior los secretos del universo.

Al principio, pensé que era una broma. La cosa no hacía nada, estaba ahí como un pedazo de metal y madera gastada, cubierta de herrumbre, con un aire de desidia melancólica. Pero algo tenía, ¿me entendés? Había algo en su forma irregular, casi informe, que se me hizo difícil de ignorar. Me miraba, o yo la miraba a ella, o algo así. El tipo del local, un viejo que se parecía al mismísimo fantasma de un anticuario, me dice: "Llévese este cachivache, mire que es único. No le va a dar paz, pero le va a dar algo". Y me quedé pensando. Qué me quería decir con eso de "no le va a dar paz". Y ahí ya me tenía.

La primera noche lo puse en la mesa de luz. No sé qué esperaba, pero lo observé durante horas. Era feo, honestamente. No tenía ningún sentido tener eso al lado de la cama. Pero ahí estaba. Y al mirarlo, empezó a vibrar, suave, como si me devolviera la mirada. Por un instante me pareció que tenía algo de ojo, que me veía como yo lo veía a él. Inquietante. Me giré y apagué la luz, tratando de sacármelo de la cabeza. Pero no hubo caso. Esa noche soñé con sombras que se enroscaban en espirales, con formas incompletas que me miraban desde el fondo de un abismo. No era miedo, exactamente, pero tampoco tranquilidad.

Al otro día, quise devolverlo. Fui al local, pero el viejo ya no estaba. En su lugar, una empleada me dijo que nunca había habido un tipo así ahí. ¿Me había vuelto loco? Pero el cachivache estaba en mi mano, tangible, pesando como una verdad incómoda. Y de alguna manera, había empezado a cambiar. Ya no era solo hierro y madera; parecía tener una estructura más definida, como si se estuviera transformando. No sabía en qué, pero tenía una forma que me hablaba, de una manera oscura, profunda.

Hoy lo tengo escondido en un armario. Nadie más lo ve, nadie más lo escucha, pero yo lo sé. Está ahí, esperándome. A veces escucho un murmullo desde su rincón, un llamado suave, seductor, que me provoca. Y aunque me resisto, sé que algún día voy a volver a sacarlo.

Las miradas

Pablo se había criado en Mataderos, entre los galpones de camiones y el susurro de voces gastadas que charlaban sobre rutas y fierros. De pibe, todo lo que conocía eran esos laburantes de manos duras y ojos tristes, tipos que lo miraban con una mezcla de nostalgia y advertencia, como si le quisieran decir que la vida era mucho más que motores y calles grises. Pero Pablo, terco y curioso, no escuchaba. Para él, el mundo era un tablero de ajedrez en el que podía moverse a su antojo.

Y en ese mundo suyo apareció ella. Mercedes. Tenía el andar suave, como si deslizara los pies por las baldosas rajadas del barrio. Mercedes no era de Mataderos, y quizá por eso a Pablo le pareció un milagro cuando la vio por primera vez, en la esquina de un barcito de mala muerte, bajo la luz parpadeante de un cartel. Era una mezcla de perfume caro y mirada desafiante, una figura entre el humo y el ruido, que parecía sacada de otro lugar. Se miraron como dos desconocidos que se reconocen, y eso bastó.

Pasaron noches y días en los que él la llevaba de la mano por su barrio, mostrándole los rincones que nadie miraba, los patios húmedos donde se escuchaba algún tango medio desafinado y las calles de empedrado que hacían fama de sus pasos. Pero Mercedes tenía esa forma de mirar que daba miedo, una mezcla de ternura y desdén, como si le estuviera concediendo el favor de estar ahí, pero con un pie siempre a punto de irse. Y Pablo, que nunca se había preocupado por nada más que por sus sueños de rutas, empezó a temer que un día ella se desvaneciera como una sombra en el alba.

Una noche, mientras caminaban bajo un cielo encapotado, Mercedes le soltó la mano. Así, de golpe, como si algo la hubiera despertado de un sueño en el que él solo era un personaje. Pablo la miró, confundido, sin entender. Ella no dijo nada, se limitó a mirarlo con esa expresión que ahora le parecía lejana, extraña. Él sintió una punzada en el pecho, una herida que se abría en silencio. En ese momento, comprendió lo que los viejos camioneros le habían intentado advertir con sus miradas cansadas y sus historias de mujeres y abandonos.

"Mercedes...", murmuró, queriendo aferrarse a ese nombre como quien se agarra de un clavo ardiente. Ella suspiró y le lanzó una última mirada, fría y despiadada, antes de desaparecer entre las sombras de Mataderos.

Pablo se quedó ahí, solo, sintiendo el viento helado de la noche arañarle el rostro. Encendió un cigarrillo y se quedó mirando las luces apagarse una a una. Por primera vez en su vida, sintió que el barrio le era ajeno, que esos galpones y esas calles que tanto conocía le daban la espalda. No era el Mataderos que él creía, era un monstruo que se había quedado con lo que más le importaba. Mercedes, su Mercedes, se le había escapado, y él entendió que no era el primero ni el último que vería su reflejo en los adoquines mojados, preguntándose qué demonios había hecho para merecer ese vacío.

Con el cigarro consumiéndose entre los dedos, Pablo caminó despacio hacia los galpones, sintiendo que cada paso lo acercaba más a esa tristeza sorda de los camioneros que lo habían visto crecer. Ahora entendía sus miradas, sus silencios. Ahora, él también era parte de ellos, de ese ejército de hombres derrotados que cargaban no solo el peso del camión, sino el de amores perdidos y promesas quebradas.

Esa noche, Pablo se convirtió en otro fantasma de Mataderos, un hombre que entendió demasiado tarde que el amor, a veces, es un lujo que el barrio no perdona.

Voces cercadas

Cuando arranca el día en la radio FM del pueblo, las cosas suelen ser simples: leer los anuncios, lanzar la música que todos conocen, y de vez en cuando, soltar una queja o dos contra el estado del pavimento o el hospital. Pero esa mañana no iba a ser igual. Jorge, el locutor de voz grave y mirada endurecida por años de madrugones, se encuentra con algo que ni el mate más fuerte podía anticipar: una llamada perdida, cuatro veces insistida, de alguien que no tenía buenos augurios. En un pueblo, ni tan chico ni tan grande, de unos quince mil habitantes, al oeste de la provincia, los secretos son moneda común, pero más común es que ninguno de esos secretos se ventile en vivo.

"¿Qué te pensás, que porque me senté en esta silla voy a quedarme callado?" murmura Jorge frente al micrófono, casi como en un soliloquio que sabía que nadie más escucharía. Y es que la intendente, desde el otro lado del dial, estaba dispuesta a todo para callarlo.

No fue la primera vez que Jorge se metía con "los de arriba", ni mucho menos. En esa radio, sus denuncias eran de cada día: "Pueblo chico, infierno grande," decía al aire, sonriendo. Claro que era común que le tiraran algún que otro dardo en la calle. El problema vino cuando sus palabras ya no eran sólo charla de sobremesa, sino que empezaron a resonar como un retumbe incómodo en la oficina de la intendencia, tenían parlantes por todo el pasillo, la razón estaba en que sus colegas eran bastante chupamedias y a estos políticos. Cierto que Jorge sabía dónde tocar. Con cada intervención, ponía el dedo en la llaga, y de tanto insistir, había destapado más de un chanchullo que a los de arriba no les convenía ni de cerca.

De un momento a otro, las cosas se pusieron raras. Primero le sacaron un par de avisos de la radio —"cosas que pasan", pensó él—, después, uno de los empleados del municipio dejó de saludarlo en el almacén, y por último, esas miradas desconfiadas en la plaza, cuando Jorge iba a charlar con los viejos, parecían clavos. Como si a cada palabra se le clavara un cartel invisible, advirtiendo a todos que "Jorge andaba escrachando".

Las mañanas en la radio empezaron a volverse tensas, y en ese clima pesado, el café se enfriaba antes de terminarlo. Sabía que la alcaldesa estaba tras él, y aunque no se la veía en persona, su presencia parecía estar en cada rincón de la emisora, vigilando cada comentario.

Una madrugada, la gota colmó el vaso. Se levantó con la decisión clara de arremeter. "Acá no hay vuelta que darle. O se enfrenta a la fiera, o se cierra el rancho y nos quedamos en silencio".

Entró a la radio decidido, se sentó en la cabina del operador, porque claro, no había presupuesto para un operador, y lanzó un discurso que retumbó en cada casa del pueblo: "Sé que hay gente que no quiere que hablemos de estos temas. ¿Pero quién nos va a callar? ¿Una firma en un papel? ¿Una amenaza cobarde? En este pueblo, cuando algo está podrido, hay que decirlo".

El teléfono sonó al minuto siguiente. Primero una advertencia, luego, un silencio tenso. Al día siguiente, era como si los pasos de Jorge resonaran en cada esquina. Era como si, al dar un paso, todo el pueblo estuviera mirándolo, sabiendo que algo iba a estallar.

Los vecinos comentaban, en las charlas del almacén y en las sobremesas, que la cosa estaba jodida. Que si el hombre seguía desafiando así, no iba a tardar en desaparecer. Cuentan que esa tarde, mientras caminaba hacia su casa, Jorge sentía la mirada de todos encima, como si supieran que ya había cruzado una línea que no tenía vuelta.

Desde entonces, cada palabra que decía en la radio era un tiro al aire, un desafío a la autoridad. Era consciente de que la soga se le achicaba, pero en un pueblo de gente humilde y olvidada, alguien tenía que romper el silencio.

Entre risas y lágrimas

Las luces parpadean en el escenario. La ciudad late, vibrante, y el sonido de la multitud es un bullicio que se aleja, una promesa que aún no se cumple. Él se sienta en la esquina del camerino, rodeado de instrumentos, entre el humo del escenario que se cuela por debajo y el silencio que lo abraza egoístamente. La guitarra reposa a su lado como una amante despreciada. ¿Por qué no puedo sentirme completo? ¿Por qué?

"Cuerpos en movimiento, almas en descomposición", piensa, mientras una melodía atraviesa su mente. Esa canción que nunca termina, ese estribillo que se repite como un mantra en su cabeza. "Cuerpos que gritan, cuerpos que buscan, cuerpos que se pierden".

—Hoy la rompo —se dice en voz alta, pero la verdad se disfraza detrás de las palabras. Las balas de la vida le han dejado marcas, cicatrices que no se ven, pero duelen. El fuego de la pasión se mezcla con el frío helado de la soledad. Es un juego de luces y sombras, una milonga que lo motiva pero de la cual desconoce su paso.

La voz interna empieza a susurrar, como un ánima que lo sigue: "¿Vas a salir a la pista o vas a quedarte en este rincón oscuro? El mundo te necesita, pero vos, ¿te necesitás a vos mismo?"

—Siempre estoy al borde, al borde de explotar —se responde a sí mismo, mientras acaricia las cuerdas de la guitarra. "Pero esta noche, esta noche todo puede cambiar." Sin embargo, la tentación es como una sirena que canta en el fondo de su mente, "Dame un poco más, no te va a hacer mal, solo un toque, un instante."

Las luces del escenario lo llaman. Las luces son como faros, iluminando su camino hacia la locura y la gloria. ¿Es esto lo que quiero? ¿Es esto la vida que soñé? "Es un juego de locos, un juego de ilusiones", murmura. El reflejo en el espejo le devuelve una mirada perdida, un alma que ha olvidado su esencia.

—¿Por qué siempre tengo que buscarme en el fondo de un vaso? —pregunta al vacío, pero nadie le responde. La soledad es su única compañía, un amante que nunca lo deja ir.

Las voces de la multitud crecen, como olas en una tormenta. Él siente el latido de sus corazones, el pulso de la noche, y eso lo consume. "La música es mi salvación, pero también mi condena." Cada acorde lo acerca a la euforia, pero cada nota también lo arrastra hacia el abismo.

—Vamos, flaco, a darlo todo —se anima, mientras se levanta, se sacude el polvo de la angustia. Los fantasmas del pasado lo miran desde la penumbra, pero él decide enfrentarlos. La escena es su campo de batalla, y la música es su arma. "Hoy no me detengo, hoy soy invencible."

A medida que avanza hacia el escenario, la adrenalina lo envuelve. El sudor resbala por su frente, y ahí, su voz se mezcla con el clamor del público. Cada grito, cada aplauso, es un impulso que lo sostiene en la cuerda floja de su propia existencia.

—Gracias, Buenos Aires —grita, y siente que el aire se llena de magia. Pero en su interior, el eco del vacío persiste. "¿Y si no es suficiente? ¿Y si esta noche es solo un espejismo?" La duda nunca se aleja del todo.

Él canta, y la letra se convierte en un grito desgarrador: "Sálvame de mí mismo, de este monstruo que me abraza." Las palabras fluyen como un río desbordado, llevándose consigo el dolor, aunque solo por un momento.

Cuando la última nota se apaga, y el aplauso se desvanece, regresa a la penumbra. "Es un ciclo sin fin, una danza entre el amor y el odio, entre la vida y la muerte." Y en esa noche de Buenos Aires, el cantante sigue buscando su verdad, un poco más, un instante más, entre luces y sombras, entre risas y lágrimas.

Entre el caos y la compasión

Rafael siempre había creído que la vida en su querido pueblo de General Alvear estaba hecha de momentos predecibles: el trabajo en la fábrica de su viejo amigo, las charlas en la plaza, las reuniones familiares con un buen asado. Pero todo eso se desmoronó cuando su madre, Catalina, fue diagnosticada con demencia senil. A sus 56 años, Rafael se encontró en un nuevo papel, uno que jamás había imaginado: el de cuidador. Un papel cargado de un dramatismo que a veces parecía sacado de las páginas de un mal cuento.

Las semanas se convirtieron en un ciclo de hospitales y clínicas. Era como si el mundo se hubiera reducido a un laberinto de pasillos fríos y habitaciones iluminadas por luces brillantes, que parecían burlarse de la desesperación que lo consumía. Las guardias se sucedían con la misma monotonía que el cambio de ropa interior; un día en el hospital del pueblo, al siguiente en la clínica de la ciudad. Los médicos, con sus batas blancas y sus rostros serios, apenas intercambiaban palabras con él, como si su madre fuera solo otro caso en la lista, una ficha más en su juego. Rafael se sentía un espectador de una tragedia que no sabía cómo terminaría.

Catalina había sido una mujer fuerte, llena de vida y risas. Desde el día en que lo trajo al mundo en su casa de General Alvear, había estado ahí, enseñándole que el amor se construye en los pequeños detalles, ya sea haciendo tortas de manzana o regando las plantas del jardín. Ahora, en la cama del hospital, sus ojos perdidos en un espacio que solo ella parecía entender lo desgarraban por dentro. Cada vez que la visitaba, su sonrisa dibujada se desvanecía más, y con él, un pedazo del pasado que Rafael había querido preservar, como un niño que se aferra a un juguete roto.

Fue en uno de esos días grises, cuando la desesperación lo embargaba, que conoció a Lucas, un enfermero que se movía entre las habitaciones con una calma casi mágica, como si tuviera en sus manos el antídoto contra el sufrimiento. Su voz, suave y delicada, parecía contener un poder inusual. Cuando hablaba con Catalina, ella le respondía con gestos y miradas, como si él pudiera tocar el fondo de su ser. Lucas era diferente a los demás; no se limitaba a cumplir con su deber, sino que se detenía, escuchaba y, sobre todo, se preocupaba.

"Hoy será un buen día, señora Catalina", le decía Lucas mientras le acomodaba la manta. "Vamos a dar un paseo por el jardín. El sol quiere ver su sonrisa".

Rafael observaba desde la esquina de la habitación, con el corazón dividido entre el dolor y la gratitud. Lucas parecía entender la tristeza que lo envolvía, y con cada palabra, trataba de apaciguar su dolor emocional. Pero había días en los que la ira lo consumía, un fuego que le brotaba de las entrañas, un grito ahogado por la impotencia de ver a su madre desvanecerse.

Se preguntaba qué demonios había hecho para merecer este destino.

A medida que los días pasaban, la esperanza se iba deshilachando. Un día, un médico que venía de Buenos Aires, apurado y distante, le soltó con frialdad que no había mucho por hacer. "Mire, la situación es complicada. No podemos hacer más que tratar de mantenerla cómoda. Si firma este consentimiento, no la intervendremos más. La dejaremos ir", dijo mientras le ofrecía un papel que parecía sellar el destino de Catalina, como si le estuvieran entregando una sentencia de muerte disfrazada de burocracia.

La rabia brotó en Rafael. "¿Así de fácil? ¿Sólo dejarla morir?", exclamó, sintiendo que la injusticia lo consumía. ¿Qué era aquel hombre más que un engranaje más en una máquina insensible? La impotencia se apoderó de él. Después de tantos momentos compartidos, de tantas risas y de la mujer que lo había criado, no podía permitir que su madre fuera tratada de esa manera.

Decidido, Rafael tomó una postura firme. "No. No voy a firmar nada hasta que tenga respuestas claras. Mi madre merece más dignidad que esto", respondió, su voz resonando en el pasillo. Aquellas palabras no solo desafiaron al médico, sino que también resonaron en otros enfermeros y familiares que estaban presentes, creando un pequeño rastro de solidaridad. Había encendido una chispa de rebelión en aquel lugar que parecía estar sumido en la indiferencia.

Poco a poco, Rafael logró restablecer el orden en el hospital. Se enfrentó a la falta de atención, exigió más comunicación y cuidado para Catalina, y su insistencia empezó a dar frutos. Los médicos comenzaron a atenderla con más dignidad, y los enfermeros se esforzaron por asegurarse de que no solo estuviera cómoda, sino que también pudiera recibir la atención que necesitaba.

Sin embargo, las complicaciones fueron avanzando y, a pesar de sus esfuerzos, la salud de Catalina se deterioró rápidamente. En una fría mañana de invierno, mientras la neblina cubría las calles de General Alvear, Rafael recibió la noticia que temía: su madre había fallecido. En ese momento, una ola de tristeza lo abrumó, pero también sintió una extraña paz. Había luchado hasta el final, y aunque la batalla había sido dura, había logrado que su madre recibiera el cuidado que merecía.

Rafael salió del hospital con el corazón hecho pedazos, pero con la certeza de que, aunque Catalina ya no estaba, el amor que compartieron seguiría vivo en sus recuerdos. Mientras el sol se ponía sobre su pueblo, las risas y las historias de su madre resonaban en su mente, recordándole que, a pesar del dolor, la vida siempre tiene un camino por recorrer, uno que lo llevaría a honrar su memoria en cada rincón de General Alvear. Era un camino lleno de sombras, pero también de luces que seguían brillando en la memoria de aquellos que amó.

Las letras rebeldes

En la penumbra de la esquina,
entre sorbos de un mate caliente,
la vida me abraza y me inspira,
dejando un murmullo en el pecho.
¿Y el amor? Ah, ese amor,
como un tango que se olvida,
un susurro entre las sombras,
un suspiro que se anida.

La sociedad avanza a su paso,
con sus giros y su vaivén,
como un río que fluye tranquilo,
buscando su cauce también.
Escuchan todos, aunque a veces
las palabras se pierden en el aire,
y entre risas y charlas se tejen
los sueños de un mundo que arde.

Escribo, escribo, sin parar,
desnudando mis pensamientos,
cada línea un golpe de vida,
cada renglón un lamento.
Busco rincones que susurren,
inhóspitos, llenos de amor,
donde la luz apenas asoma
y la tristeza es un clamor.

¿Dónde están esos que escuchan?
¿Dónde el latido de un corazón?
Caminan por calles brillantes,
perdidos en su propia razón.
Escribo para ellos, para mí,
para el que aún no ha llegado,
con el arrabal en la piel,
y el canchereo de un pasado.

Las letras fluyen como el río,
a veces suaves, a veces bravas,
se entrelazan con el barro
de sueños que nunca se acaban.
Cada palabra es un destello,
una chispa en la oscuridad,
y en cada verso que despliego,
hay una vida por contar.

Me pierdo en este laberinto
de pensamientos entrelazados,
donde el amor y el desamor
se abrazan en un tango olvidado.
Quiero gritar, pero las palabras
se me escapan como el agua,
y en este rincón inhóspito
busco el refugio de una estrofa.

¿Y si nadie escucha mis quejas?
¿Y si el mundo no se entera?
Aún así, sigo en la lucha,
mi pluma, mi única bandera.
El dolor se vuelve historia,
la rabia, un poema en danza,
y en este rincón inhóspito,
la vida se hace esperanza.

Así, entre líneas y versos,
encontraré mi redención,
porque al escribir sobre el amor,
descubro mi propia canción.
La sociedad seguirá su paso,
y yo, en este arrabal sin fin,
seguiré buscando en la noche
los rincones donde empieza a existir.

En cada palabra, una batalla,
en cada estrofa, un universo,
las voces calladas resuenan,
y yo, en este verso disperso,
me aferro a la ilusión de que,
aunque a veces el silencio pese,
mis letras hallen el camino
hacia el alma que las mereces.

Por eso, en cada verso que brota,
te cuento mis penas, mis locuras,
mis sueños de un mañana mejor,
en este laburo de letras duras.
Porque en el fondo, somos todos
pueblo en la piel, con historias que arden,
y al final del día, sólo buscamos
ser escuchados, ser parte del grande.
Y así, entre risas y llantos,
en la casa, se siente el abrazo:
Argentina está en la casa,
nuestras voces resuenan en el lazo.

El fuego no se apaga

Tres días después de la tormenta, fui a Paiporta. No voy a mentir: fue un solo día. Al capital tampoco le importaba si el pueblo estaba bajo el agua o si las noticias llegaban a cuenta gotas. Todo tenía que seguir. Pero algo en mí no iba a dejar pasar la situación de forma desapercibida. Las pocas imágenes que llegaban parecían de otro mundo, como si en lugar de estar a cinco kilómetros de Valencia, todo esto estuviera ocurriendo en una tierra de nadie.

Logré contactar, al fin, con un amigo uruguayo al que conocí en unas Fallas. Estuvo incomunicado casi dos días, encerrado en su casa sin saber qué pasaba allá afuera. Me dijo que su hermano Diego, argentino y vecino de Picassent, había perdido dos muros; sí, dos paredes, desaparecidas como por arte de magia. La casa quedó al descubierto, sin fronteras. Me contaba esto con esa mezcla de resignación y bronca que solo los que vienen de lejos entienden. Porque al final, quienes dejan su tierra siempre encuentran algo que los empuja a resistir. "¿Qué vas a hacer?", decía él. "Una casa que ya no es casa, pero igual no nos echamos atrás."

Cuando llegué a Paiporta, vi cómo el barro había hecho suya cada esquina y cada calle. Un pueblo de casi 29.000 personas que, como en una broma de mal gusto, dependía del parque de bomberos de Torrent, una sola estación para cubrir una región entera. Pero a ver, como decía mi abuelo, "esto ya se veía venir". Los mismos genios que diseñaron el sistema de rescate no pensaron en el detalle de que el barranco del Poyo sería intransitable en medio de una tormenta como esta. Así que ahí estaba la gente, dejada a la deriva, arreglándoselas como podía, con las manos en el barro y los ojos bien abiertos, como si ya no esperaran nada, solo pelear.

La ayuda llegaba a cuentagotas, controlada por los policías de otras localidades, que decidían quién entraba y quién no. Voluntarios de todos lados, tratando de salvar lo que se pudiera, y encontrándose más trabas que ayuda. Me encontré con un amigo polaco, otro que también dejó su tierra, y que había sido bombero voluntario allá en su país. Estaba intentando traer una bomba de desagote desde allá, algo que podría deshacerse del agua en minutos. Pero claro, entre los permisos, los trámites, y los "no vaya a ser que esto se note demasiado", la ayuda quedaba encajonada en papel. "Es como si no quisieran pasar vergüenza", me dije en voz alta. Y pensé en Argentina, en cómo la ayuda siempre parece encadenada en permisos y firmas, y en el eterno esfuerzo por no admitir que algo anda mal.

La tensión en el pueblo fue creciendo, y en la noche del sábado próximo, en medio de la desesperación y el cansancio, estalló una protesta en la plaza principal. Un grito común: "Mazón dimissió" como consigna que se propagaba más rápidamente que el amarillismo de los medios. La misma bronca que he visto en mi tierra, en esas plazas llenas de gente que marcha porque ya no puede más. Porque no hay mayor fuerza que esa, la de alguien que ha perdido todo y se niega a agachar la cabeza. Y como tantas veces, las autoridades respondieron con represión. Vi cómo se llevaban a empujones a gente que apenas si tenía un techo para volver, o no. Personas que, como en tantos rincones, se aferran a lo que pueden, no importa cuántas veces se les venga abajo.

Mientras volvía por esas calles destrozadas, pensaba en la misma pelea, la misma sangre. En esos barrios de Buenos Aires donde no importa si te tiran abajo los muros, la gente sigue, remendando, improvisando, haciendo con las sobras un mundo nuevo. Como aquella maestra que daba clases en una escuelita improvisada, sin más frontera que las ganas de enseñar. Ahí, en ese barro que se empeña en frenarnos, vi esa chispa. Esa terquedad que no entiende de tormentas ni de represión.

Y mientras camino hacia el bajo por la famosa y ajetreada avenida Corrientes, supe que, al final, el fuego no se apaga. Ni en las Fallas ni en las luchas de cada día. Porque siempre habrá manos dispuestas a sostener esa luz, por mucho que quieran apagarla.

Benvinguts a la ciutat de les Falles.

Glosario de lunfardo y coloquialismo argentino

1. **Chango**: Joven o muchacho, especialmente usado en el norte de Argentina.

2. **Canguro borracho**: Metáfora para alguien que camina tambaleándose, especialmente por estar borracho.

3. **Cachivache**: Despectivo. Dicho de una cosa rota o inservible.

4. **Chabón**: Hombre, tipo; una forma informal de referirse a alguien.

5. **Colectivo**: Autobús urbano, medio de transporte popular en Buenos Aires.

6. **Dolobu**: Variante de "boludo", para referirse a alguien ingenuo o despistado.

7. **Malandras**: Gente de dudosa reputación, maleantes o criminales.

8. **Birra**: Cerveza, término muy común en el lenguaje informal argentino que proviene del italiano.

9. **Mona**: Puede usarse para referirse a alguien de manera afectuosa, como "linda" o "atractiva".

10. **Mate cocido**: Infusión típica argentina, similar al té, preparada con yerba mate.

11. **Cagón**: Persona cobarde, alguien que evita situaciones difíciles o muestra falta de valentía.

12. **Estar curtido**: Estar acostumbrado a condiciones difíciles o adversas.

13. **Chamuyo**: Charla, a menudo sin mucho contenido real o que busca convencer de algo.

14. **Curro**: Negocio o actividad de dudosa legalidad o ética, generalmente para beneficio propio. Se diferencia de la acepción española.

15. **Changuito**: Carrito pequeño, usualmente de compras.

16. **Laburo**: Trabajo, empleo. Del italiano, lavoro.

17. **Aguantá**: Soportar o esperar en una situación incómoda o desafiante.

18. **Garpamos**: Pagamos, especialmente en el sentido de asumir las consecuencias o gastos.

19. **Che**: Interjección para llamar la atención o referirse a alguien, común en Argentina.

20. **Afiatarse**: Adaptarse o acostumbrarse a algo o alguien.

Índice